L'ART DU CONTRE-INTERROGATOIRE

PAR

FRANCIS L. WELLMAN

DU BARREAU DE NEW-YORK

AVEC LES CONTRE-INTERROGATOIRES DE
TÉMOINS IMPORTANTS DANS DES AFFAIRES CÉLÈBRES

Traduit par Farah Azzoug

Table des Matières

À mes fils,
Roderic et Allen
qui ont exprimé leur intention
d'exercer la profession d'avocat,
ce livre est affectueusement dédié

Préface

En proposant ce livre à la profession d'avocat, je n'ai nullement l'intention de m'arroger une connaissance supérieure en la matière, sauf dans la mesure où elle a pu être glanée par l'expérience. Je n'ai pas non plus essayé de traiter le sujet d'une manière scientifique, élaborée ou exhaustive, mais simplement de faire quelques suggestions sur l'art du contre-interrogatoire, qui sont le résultat de vingt-cinq années de pratique au tribunal, au cours desquelles j'ai interrogé et contre-interrogé environ quinze mille témoins, issus de toutes les classes de la communauté.

Si ce qui est écrit ici permet d'instruire les jeunes membres de ma profession, ou d'intéresser ou de divertir le public, cela justifiera amplement le temps que j'ai pris sur mes vacances d'été pour présenter sous une forme lisible certains éléments de mon expérience sur ce sujet des plus difficiles.

Bar Harbor, Maine,
Le 1er septembre 1903.

CHAPITRE I

INTRODUCTION

"La résolution d'une affaire dépend rarement d'un discours et est même rarement affectée par celui-ci. Mais il n'y a jamais d'affaire contestée dont la résolution ne dépend pas principalement de l'habileté avec laquelle l'avocat mène son contre-interrogatoire."

Telle est la conclusion à laquelle est parvenu l'un des plus éminents avocats d'Angleterre au terme d'une carrière longue et mouvementée au Barreau. Elle a été écrite il y a une cinquantaine d'années, à une époque où l'art oratoire dans les procès publics était à son apogée. C'est d'autant plus vrai de nos jours, alors que ce qui était autrefois réputé tel qu'un "grand discours" est désormais rarement entendu dans nos tribunaux, car les méthodes modernes pour pratiquer notre profession ont eu tendance à décourager la pratique de l'art oratoire dans les tribunaux et donc, le développement des orateurs. Les orateurs de la vieille école qui avaient pour habitude de "saisir la foudre" en sont aujourd'hui moins en faveur qu'autrefois. Pour nos jurés modernes, l'art oratoire — ou "discours juridique enflammé" comme on appelait autrefois les discours de Lord Brougham — bien qu'il soit toujours apprécié en tant qu'effort littéraire passionné, est devenu presque inutile en tant qu'argument persuasif ou en tant que "plaidoirie finale", comme on l'appelle aujourd'hui.

Les jurés modernes, surtout dans les grandes villes, sont composés d'hommes d'affaires pragmatiques, habitués à penser par eux-mêmes, rompus aux usages de la vie, capables de faire des estimations et des distinctions judicieuses, insensibles aux passions et aux préjugés auxquelles sont presque toujours adressés les discours des avocats. De nos jours, les jurés ont, en général, l'habitude d'accorder aux témoignages l'attention la plus intelligente et la plus minutieuse, et ils ont un sens aigu de la vérité. Il ne s'agit pas de prétendre qu'ils ne sont plus humains, ni que dans certains cas, ils ne s'égarent pas encore largement, entraînés par leurs préjugés sinon par leurs passions. Néanmoins, dans la grande majorité des procès, le juré moderne, et surtout le juré urbain moderne — car c'est dans nos grandes villes que sont jugée la plupart des affaires — se rapproche le plus possible d'un arbitre modèle des faits, comme pourrait le souhaiter le plus optimiste des défenseurs de l'institution du procès devant jury.

Je suis conscient que de nombreux membres de ma profession se moquent encore du procès devant jury. Ces hommes, cependant, lorsqu'ils ne font pas partie de ceux qui n'ont pas réussi et ceux qui sont mécontents, s'avéreront, à quelques exceptions près, n'avoir que peu pratiqué dans les tribunaux eux-mêmes. Ou alors, ils appartiennent à cette classe de plus en plus nombreuse de notre profession qui a renoncé à la pratique dans les tribunaux et qui bâtit des fortunes dont on n'aurait jamais pu rêver dans la profession d'avocat il y a dix ans. Ils deviennent ce que l'on peut appeler des avocats d'affaires, c'est-à-dire des hommes qui ont appris le droit en tant que profession, mais qui, grâce à une opportunité, combinée à de rares aptitudes commerciales, en sont venus à appliquer leurs connaissances — en particulier leur connaissance du droit des sociétés — à de grandes entreprises commerciales, à des associations, à des organisations et à des réorganisations, et qui en sont ainsi venus à pratiquer le droit en tant qu'activité commerciale.

Pour ces personnes, un livre tele que celui-ci ne peut avoir que peu d'intérêt. C'est à ceux qui, par choix ou par chance, sont, ou ont l'intention de devenir, engagés dans la plus laborieuse de toutes les formes d'activité juridique, le procès au tribunal, que les suggestions et les expériences qui suivent s'adressent tout particulièrement.

On dit souvent, à juste titre, que beaucoup de nos meilleurs avocats — et je parle ici surtout de la ville de New York — se retirent des tribunaux car la nature des litiges est en train de changer. Dans certaines localités, ce changement est tel que les affaires commerciales les plus importantes font rarement l'objet d'une décision de justice. Nos commerçants préfèrent trouver un compromis pour leurs difficultés, ou amortir leurs pertes, plutôt que de s'engager dans des litiges qui doivent rester en suspens dans les tribunaux pendant plus de trois ans, en attendant leur tour d'être entendus dans des calendriers de tribunaux surchargés. Pourtant, plus de six mille affaires de tous types sont jugées ou résolues chaque année dans le seul district de Manhattan.

Cet engorgement des tribunaux n'est pas entièrement dû à un manque de juges, ou au fait qu'ils ne sont pas des hommes capables et travailleurs ; mais elle résulte en grande partie, me semble-t-il, de la faute du système en vogue dans toutes nos cours américaines, qui permet à tout avocat, dûment inscrit au barreau, d'exercer dans les plus hautes cours. Aux États-Unis, nous ne faisons aucune distinction entre avocats conseils et avocats plaidants ; nous sommes tous avocats conseils et avocats plaidants par vocation. Il suffit de fréquenter les tribunaux pour comprendre que, tant que les dix mille membres du barreau du comté de New York se prévaudront tous de leur privilège de comparaître devant les tribunaux et de juger les affaires de leurs propres clients, la grande majorité des procès seront maladroitement menés et un temps précieux sera gaspillé.

La manière dont est conduite une affaire devant un tribunal est un art particulier pour lequel beaucoup d'hommes, même s'ils sont instruits en droit, ne sont pas aptes ; et lorsqu'un avocat n'a qu'une ou même qu'une douzaine d'expériences devant un tribunal chaque année, il ne peut jamais devenir un avocat plaidant compétent. Je ne m'adresse pas aux clients, qui supposent souvent que, parce que nous sommes dûment qualifiés en tant qu'avocats, nous sommes par conséquent compétents pour juger leurs affaires ; je parle au nom de nos tribunaux, et contre l'engorgement des calendriers et l'éviction des lourds litiges commerciaux qui en découle.

Un avocat plaidant *expérimenté*, n'aura guère besoin de plus du quart de temps, au maximum, dont a besoin l'avocat inexpérimenté le plus érudit pour établir les faits. Son dossier sera minutieusement préparé et assimilé avant le début du procès. Ses questions de droits et ses questions de faits seront clairement définies et présentées au tribunal de façon concise. De cette manière, il évitera nombre de décisions de justice erronées sur des questions de droits et de preuves, ceux-là même qui affectent tant de jugements en appel. Ces faits sont de plus en plus appréciés chaque année, et dans nos tribunaux locaux, il y a déjà une coterie de plus en plus grandissante d'avocats plaidants, qui consacrent la majeure partie de leur temps à la pratique judiciaire. Non seulement il achèvera son procès en moins de temps, mais il aura également plus de chances d'obtenir un jugement équitable dans l'affaire, qui ne pourra pas du tout faire l'objet d'un appel ou qui, s'il fait l'objet d'un appel, sera retenue par une juridiction supérieure, plutôt que d'être renvoyé pour révision et ainsi accaparer le temps d'un autre juge et d'un autre jury en leur faisant refaire tout le travail depuis le début.[1]

Quelques avocats sont allés jusqu'à refuser toute communication directe avec leurs clients, à moins qu'ils ne se fassent représenter par leurs propres avocats plaidants. Il est satisfaisant de constater que certains de nos principaux avocats qui, après avoir été appelé à quitter leur pratique importante et active de la profession pour intégrer les services du gouvernement, ont exprimé leur intention, lorsqu'ils reprendront leur pratique d'avocat, de refuser toutes les affaires où les clients ne sont pas déjà représentés par des avocats plaidants compétents, reconnaissent, du moins dans leur propre pratique, la distinction anglaise entre l'avocat conseil et l'avocat plaidant. Nous commençons donc à reconnaître dans ce pays, ce que les tribunaux anglais ont si longtemps reconnu, à savoir que le seul moyen d'assurer le jugement rapide et intelligent des litiges est d'instaurer une coutume consistant à réserver la pratique devant les tribunaux à un nombre relativement limité d'avocats plaidants

L'ART DU CONTRE-INTERROGATOIRE

La distinction entre médecins généralistes et spécialistes est déjà établie dans la profession médicale et largement acceptée par le public. Qui choisirait aujourd'hui d'effectuer une opération lourde chez son médecin de famille, au lieu de faire appel à un chirurgien expérimenté et habitué à manier le bistouri ? Pourtant, le médecin de famille peut un jour avoir été assez compétent pour jouer le rôle de chirurgien et a sans aucun doute eu, des années plus tôt, son quota d'expérience hospitalière. Mais il est si rarement confronté au domaine de la chirurgie qu'il se rechigne à la pratiquer, sauf dans le cas où il n'y aurait aucune autre alternative. Une distinction similaire devrait exister dans la profession juridique. L'avocat de la famille peut avoir un jour été compétent pour traiter un litige, mais il n'exerce plus — il n'est pas apte pour la compétition.

Il n'y a pas de raccourci, pas de passe-droit royal vers l'expertise dans l'art d'être avocat. C'est l'expérience, et certains diront même que c'est l'expression seule, qui mène au succès. Je ne parle pas de cette petite minorité d'hommes qui, dans tous les domaines de la vie, ont été touchés par la baguette magique du génie, mais d'hommes moyennement doués et avec même des aptitudes particulières pour la vocation d'avocat ; avec ces derniers, c'est une course à l'expérience. L'avocat expérimenté peut considérer ceux qui sont moins avancés en âge ou en expérience, et se satisfaire de penser qu'ils ont tellement moins d'affaires à leurs actifs que lui ; qu'en continuant ainsi, même avec des chances égales devant le tribunal, ils ne pourront jamais le rattraper. Un jour, le public s'en rendra compte. Mais à l'heure actuelle, quelle connaissance a le plaideur ordinaire des avantages de confier son affaire à un avocat qui se sent comme "à la maison" dans une salle d'audience, et qui est peut-être familier du panel de jurés devant lequel son affaire va être entendue, pour avoir déjà plaidé une ou plusieurs affaires pour d'autres clients devant les mêmes hommes ? L'homme d'affaire ordinaire est loin de se rendre compte de la valeur que représente pour lui le fait d'avoir un avocat qui comprend les usages de raisonnement et d'étude des faits — l'esprit — du juge même qui présidera au procès de son affaire. Non pas que nos juges ne soient pas éminemment équitables dans leur conduite des procès, mais ce sont tout de même des hommes, souvent très humains, et l'avocat qui connaît son juge dispose d'un avantage que le praticien inexpérimenté n'apprécie guère. Combien l'expérience compte-t-elle aussi dans la sélection du jury — l'un des "beaux-art" de l'avocat ! Ce ne sont là que quelques-uns des nombreux avantages similaires que l'on pourrait énumérer, s'ils n'étaient pas distincts du sujet qui nous intéresse actuellement, à savoir l'habileté de l'avocat à mener le procès lui-même, une fois que le jury a été choisi.

Lorsque le public se rendra compte qu'un bon avocat plaidant est le résultat, pourrait-on dire, de générations de témoins, lorsque les clients comprendront pleinement les dangers qu'ils courent en confiant leurs litiges à ce qu'on appelle des "avocats de bureau" qui n'ont que peu ou pas d'expérience des tribunaux, ils insisteront pour que leurs dossiers soient confiés à ceux qui se font une spécialité de la pratique judiciaire, conseillés et assistés par leurs propres avocats personnels. L'un des principaux inconvénients de notre système actuel sera soudainement éliminé ; les calendriers des tribunaux seront allégés par des procès menés rapidement ; les questions juridiques seront examinés dans un délai raisonnable après leur formulation ; les affaires commerciales, aujourd'hui résolues à l'amiable de façon désavantageuse ou alors complètement abandonnées, reviendront dans nos tribunaux, ce qui satisfera à la fois la profession juridique et le secteur des affaires dans son ensemble ; les causes seront jugées de façon plus habile — l'art du contre-interrogatoire sera mieux assimilé.

CHAPITRE II

LA MANIÈRE DE CONTRE-INTERROGER

Il suffit simplement de rappeler la nature du contre-interrogatoire pour démontrer son caractère indispensable dans tous les procès portant sur des questions de fait. Aucune affaire ne devient un litige sans l'implication de deux parties opposées. Si les témoins d'une partie nient ou nuancent les déclarations des témoins de l'autre partie, quelle partie dit la vérité ? Il n'est pas nécessairement question de savoir laquelle des deux parties apporte un faux témoignage — il y a beaucoup moins de parjures intentionnels dans les tribunaux que ne peuvent le croire les inexpérimentées — mais plutôt déterminer qui se trompe sincèrement. Par ailleurs, les preuves elles-mêmes sont bien moins fiables que ce que le public imagine généralement. Laquelle des deux parties a-t-elle son opinion faussée par des préjugés ou aveuglée par l'ignorance ? Laquelle des deux parties a-t-elle eu le pouvoir ou l'opportunité de faire une observation correcte ? Comment l'exprimer et le faire comprendre à un jury d'hommes désintéressés chargés de trancher entre les parties en litige ? Évidemment, par le biais du contre-interrogatoire.

Si tous les témoins, munis de l'intelligence et de l'intégrité nécessaires, s'acquittait scrupuleusement de leur serment de "dire la vérité, toute la vérité et rien que la vérité", et si les avocats des deux parties, forts de leur expérience, et également guidés par l'intelligence et de l'intégrité, prêtait de même sermon d'établir toute la vérité et rien que la vérité, il est évident qu'il n'y aurait aucun besoin de contre-interrogatoire et que le métier de contre-interrogateur ne serait plus. Cependant, à ce jour, aucune autre méthode que le contre-interrogatoire n'a été trouvé pour démêler le vrai du faux et réduire les déclarations exagérées à leur véritable nature.

Le système remonte aussi loin que l'histoire des nations. En effet, aujourd'hui encore, le récit rapporté par Platon du contre-interrogatoire de Socrate, alors que celui-ci se défendait de l'accusation capitale portée par Milet d'avoir corrompu la jeunesse d'Athènes, peut être considéré comme un chef-d'œuvre dans l'art du contre-interrogatoire.

Le contre-interrogatoire est souvent considéré comme la tâche la plus ardue parmi les multiples responsabilités qui incombent à l'avocat. La réussite dans l'art, dirait-on, revient plus souvent à l'heureux détenteur d'un génie en la matière. De grands avocats ont souvent lamentablement échoué dans cette tâche, tandis que d'autres, qui auraient pu être considérés comme médiocres dans la profession, ont vu leurs efforts couronnés de merveilleux succès. Cependant, acquérir de l'expertise dans les conditions essentielles pour être un avocat plaidant compétent repose principalement sur l'expérience personnelle et l'émulation des pairs maîtrisant cet art.

Cela exige la plus grande ingéniosité, une pratique du raisonnement logique, une clarté de perception générale, une patience et une maîtrise de soi infinies, la faculté de lire intuitivement dans les pensées des hommes, d'évaluer leur caractère à l'expression de leur visage, de comprendre leurs motivations ainsi qu'une aptitude à agir avec force et précision. De plus, une connaissance magistrale du sujet de l'affaire, une extrême prudence et, surtout, *l'instinct de déceler le point faible* du témoin interrogé, sont indispensables.

Il faut avoir eu affaire à une variété prodigieuse de témoins, chacun livrant son témoignage dans des circonstances infiniment différentes. Cela requiert une compréhension approfondie de toutes les subtilités de la morale, de l'intellect et des émotions humaines. C'est un affrontement intellectuel entre l'avocat et le témoin.

Afin de discuter des méthodes à adopter lors du contre-interrogatoire d'un témoin, imaginons-nous au cours d'un procès, au terme de l'interrogatoire direct d'un témoin appelé par notre adversaire. La première question à se poser est la suivante : le témoin a-t-il fait des déclarations pouvant être exploitées contre nous ? Son témoignage a-t-il porté préjudice à notre cause ? A-t-il influencé défavorablement le jury ? Est-il nécessaire de le soumettre à un contre-interrogatoire ?

Avant d'écarter un témoin, il convient toutefois d'envisager la possibilité d'obtenir des faits nouveaux en notre faveur. Si le témoin semble véritablement sincère, il est possible d'y parvenir aisément en posant des questions simples et directes. En revanche, si le moindre doute subsiste quant à la volonté du témoin de contribuer à établir la vérité, il peut s'avérer nécessaire de procéder avec une plus grande prudence. De plus, si cela est possible, il est judicieux de laisser entendre au jury que le témoin pourrait fournir davantage d'informations s'il le souhaitait, avant de poursuivre. Le jury en déduira donc que si le témoin avait parlé, cela aurait été en notre faveur.

Mais supposons que le témoin ait fait des déclarations défavorables à notre cause, et qu'il nous incombe ainsi la responsabilité de réduire l'impact de son témoignage, ou sinon de renoncer à tout espoir de convaincre le jury. Comment procéder ? Comment déterminer si le témoin a commis une erreur de bonne foi ou s'il s'est parjuré ? Selon les deux circonstances, les méthodes de mener le contre-interrogatoire seraient naturellement très différentes. Il y a une distinction importante entre le fait de discréditer le *témoignage* et le fait de discréditer le *témoin*. Cela relève en grande partie de l'instinct du contre-interrogateur. Certains affirment que le langage des yeux, le ton de la voix, la physionomie du témoin, sa manière de témoigner, où tout cela à la fois, trahissent le parjure volontaire. Il est difficile de déterminer exactement ce qu'il en est, si ce n'est qu'une pratique constante semble permettre à un avocat plaidant de se forger un jugement suffisamment précis sur le sujet. Un contre-interrogateur habile quitte rarement des yeux un témoin important pendant que celui-ci est interrogé par son adversaire. Chaque expression de son visage, en particulier celles de sa bouche, ainsi que chaque geste de ses mains, sa façon de s'exprimer et l'ensemble de son comportement, tout cela permet au contre-interrogateur à se faire une idée précise de son intégrité.

Supposons donc que notre jugement de ce témoin est le bon, et qu'il essaie de relater de façon honnête les événements dont il a témoigné, mais qu'il ait commis une erreur significative, que ce soit par ignorance, maladresse ou autre, et que celle-ci doive être exposée au jury. Comment devons-nous procéder ? Cela nous amène directement au premier élément important de notre discussion : la *manière* de contre-interroger.

Il est absurde de supposer qu'un témoin qui a déclaré sous serment un certain nombre de faits, même s'il a involontairement déformé la vérité, va être incité par un avocat à modifier ses propos et à reconnaître son erreur. En règle générale, les gens ne s'attardent pas dans la réflexion des rares opportunités qu'ils ont d'observer les faits, et ils réalisent rarement la maigre teneur de leur propre pouvoir d'observation. Lorsqu'ils sont cités comme témoins, ils se présentent au tribunal, prêts à dire ce qu'ils pensent savoir et, au début, ils réagissent à une attaque contre leur témoignage comme ils réagiraient à une attaque contre leur intégrité.

Si, dans sa manière de l'aborder, le contre-interrogateur fait comprendre au témoin qu'il a des doutes sur son intégrité, celui-ci se redressera sur sa chaise de témoin et, aussitôt, le défiera psychologiquement. En revanche, si l'avocat se montre courtois et conciliant, le témoin ne ressentira plus cette crainte que ressentent toujours ses semblables face au contre-interrogateur, et sera presque imperceptiblement amené à effectuer son témoignage dans un état d'esprit impartial — ce qui, si le contre-interrogateur est efficace, révèlera assez tôt les points faibles du témoignage. Les sympathies du jury sont toujours du côté du témoin, et ils sont prompts à s'indigner de tout manque de courtoisie à son égard. Ils sont disposés à admettre ses *erreurs*, si vous parvenez à les mettre en évidence, mais sont moins prompts à le croire *coupable de parjure*. Hélas, comme cela est souvent négligé dans nos procès au quotidien ! Nous sommes continuellement confrontés à des avocats qui supposent que les témoins de la partie adverse commettent délibérément un parjure. Il n'est pas étonnant qu'ils obtiennent si peu de résultats lors de leur CONTRE-interrogatoire ! Par leurs manières criardes et intimidantes, s'ils troublent souvent l'esprit du témoin, il est vrai, ils ne parviennent néanmoins pas à le discréditer aux yeux du jury. Ils suscitent l'effet inverse en générant de la sympathie envers le témoin qu'ils attaquent, et ne se rendent guère compte que leur "contre-interrogatoire vigoureux", à l'issue duquel ils reprennent leur place avec une évidente suffisance, n'a servi qu'à efficacement détourner l'esprit d'au moins un jury impartial de leur partie, et que cela a probablement mis en lumière un élément important, négligé lors de l'interrogatoire principal et favorable à l'autre partie.

Il est raconté une histoire au sujet de Reverdy Johnson qui, un jour, lors d'un procès, reprocha à un confrère avocat d'avoir une mémoire défaillante. Il reçut alors la prompte réponse : "Oui, Me. Johnson ; mais veuillez vous souvenir que, contrairement au lion dans la pièce, j'ai autre chose à faire que de *rugir*."

L'unique avocat à avoir utilisé cette méthode rugissante avec succès est Benjamin F. Butler. Avec celui-ci, la politesse, ou même l'humanité, étaient exclues. Il a été rapporté de lui que "sous l'effet de ses méthodes, la dissimulation et l'équivoque n'étaient guère possibles pour un témoin." Butler avait toutefois une merveilleuse personnalité. Il était agressif, et même pugnace, mais de manière tout à fait pittoresque — les témoins le craignaient. Butler était populaire auprès des masses, il avait généralement dès le début d'une affaire le soutien des nombreux "suiveurs" de la salle d'audience, et chaque petit point qu'il soulevait avec un témoin rencontrait leur approbation immédiate et perceptible. Cela participait grandement à embarrasser les témoins et donnait à Butler un avantage certain. Il est nécessaire également de se rappeler que Butler méprisait tout scrupule, ce qui ne lui serait guère favorable aujourd'hui. Un jour, il effectuait un contre-interrogatoire en employant ses manières si caractéristiques. Le juge dut l'interrompre pour lui rappeler que le témoin était un enseignant d'Harvard. "Je le sais, Votre Honneur", avait répondu Butler. "Nous en avons pendu un l'autre jour". [2]

D'autre part, il a été rapporté de Rufus Choate, considéré comme l'un des avocats américains les plus éminents en raison de son art et de ses qualités intellectuelles raffinées, qu'il "n'a jamais suscité l'opposition de son témoin en l'attaquant, mais le désarmait plutôt par la manière calme et courtoise dont il menait son contre-interrogatoire. Il ne manquait pas, avant de libérer le témoin, d'exposer les points faibles de son témoignage ou les conclusions, s'il y en avait, qui nuisaient à la confiance qu'il fallait lui accorder." [3] [L'un des bons mots de Choate était que "L'angle d'attaque d'un avocat est l'intervalle entre la question posée au témoin et sa réponse."]

Judah P. Benjamin, quant à lui, "l'éminent avocat des deux continents", avait pour habitude de contre-interroger avec ses yeux. "Aucun témoin ne pouvait soutenir le regard sombre et perçant de Benjamin et persister dans son mensonge."

Parmi les avocats plaidants anglais, James Scarlett, premier baron Abinger, était renommé pour avoir surpassé tous ses prédécesseurs au barreau britannique avec ses talents de contre-interrogateur. "Sa prestance de gentilhomme, sa courtoisie raffinée et la motivation chrétienne avec laquelle il s'acquittait de sa tâche, portaient fortement préjudice aux déclarations qui se voulaient trompeuses des témoins, ou sur lesquels il jugeait opportun de faire peser un soupçon."

Un bon avocat se doit d'être un bon acteur. Le contre-interrogateur le plus vigilant peut souvent amener à une réponse préjudiciable. Il s'agit de faire preuve de la plus grande maîtrise de soi à ce moment-là. Si l'expression de votre visage trahit votre tourment, cela peut suffire à vous perdre votre procès. Combien de fois a-t-on vu le contre-interrogateur stupéfait par une réponse compromettante. Il se fige, parfois en rougissant, et ce n'est qu'une fois qu'une telle réponse a pu faire son effet, qu'il reprend contenance — en revanche, il reprend rarement le contrôle de son témoin. Pour l'avocat plaidant véritablement expérimenté, de telles réponses, au lieu de le surprendre ou de le déconcerter, seront naturellement accueillies et ne feront guère mouche. Il passera à la question suivante comme si de rien n'eût été, ou alors il adressera un sourire incrédule au témoin, comme pour lui dire "Qui pourrait sérieusement croire une telle chose ?".

Une anecdote au sujet de Rufus Choate illustre parfaitement cela. "Un témoin de la partie adverse fit la déclaration, sans emphase particulière, d'un élément très important, dont des conclusions très préjudiciables pour son propre client pouvaient être tirées si cela était habilement fait. Il le laissa venir à bout de son témoignage et ensuite, comme s'il avait entendu un élément particulièrement à son avantage, lui demanda de le répéter soigneusement afin qu'il puisse correctement en prendre note. Il évita soigneusement de contre-interroger le témoin et ne fit aucune allusion à son témoignage durant son argumentation. Quand l'avocat de la partie adverse revint sur cet élément du témoignage durant sa plaidoirie, il fut tellement intimidé à l'idée que Me. Choate ait pu y découvrir quoi que ce soit en faveur de son propre client, même s'il ne se l'expliquait pas, qu'il se contenta de poursuivre avec d'autres éléments de son affaire. Il ne sembla donc pas remarquer que ce qui semblait être en faveur Me. Choate pouvait en fait avoir l'effet inverse." [4]

C'est cette inclination à l'affrontement, présente en chaque homme, qui captive le jury pendant le déroulement du procès. L'avocat qui a une charmante personnalité, qui s'exprime avec une apparente franchise et qui semble sérieusement en quête de la vérité, qui traite avec courtoisie les témoins adverses, celui qui évite de ralentir constamment le déroulement du procès par des objections incessantes et des exceptions aux preuves non préjudiciables, celui qui comprend clairement sa mission et se retire une fois celle-ci accomplie, celui qui fait preuve d'une impartialité inébranlable, c'est cet avocat-là qui instaure un environnement favorable pour la partie qu'il représente. Et cela exercera une influence puissante, bien que subconsciente, sur la décision du jury lors de son verdict. Et même si le verdict s'avère en sa défaveur, en raison de l'impact significatif du témoignage, le résultat sera tout de même moins préjudiciable que ce qu'avait prévu le client.

En revanche, l'avocat qui épuise le tribunal et le jury par des contre-interrogatoires interminables et injustifiés, qui perd constamment son sang-froid et se montre impitoyable envers du témoin, celui qui affiche une expression amère et anxieuse, qui s'exprime d'une voix monotone, rauque et pénétrante, celui qui présente une apparence négligée, qui se montre prêt à exploiter injustement la partie adverse, et qui est déterminée à gagner son procès par tous les moyens — cet avocat-là porte préjudice à son client et à lui-même aux yeux du jury, en ne respectant pas le sermon qu'il a prêté dans cette affaire.

Les preuves *semblent* souvent dirigées contre une partie, ce qui en vérité n'est pas du tout le cas. L'habileté du contre-interrogateur joue un rôle essentiel ; il est souvent capable de créer une situation qui dissimulera de nombreux éléments de preuve qui, autrement, joueraient en sa défaveur. Cela fait partie de l'évolution générale d'une affaire vers la plaidoirie, une étape d'une importance cruciale. L'éloquence s'exprime aussi bien dans l'interrogatoire des témoins que dans la plaidoirie. Comme on dit "il y a de la matière dans la manière". Je n'encourage pas pour autant ces méthodes exagérées que l'on rencontre parfois, qui consiste à diviser l'attention de votre interlocuteur entre vous-même et vos propos, ce qui détourne généralement le jury du point que vous êtes en train de soulever, en l'attirant sur l'élocution et les manières qui vous sont propres. Comme l'a exprimé l'homme quelque peu sourd qui ne pouvait pas s'approcher suffisamment de Henry Clay lors de l'un de ses discours les plus éloquents : "Je n'ai pas entendu un traître mot de ce qu'il a dit, mais, Seigneur, tous ces gestes qu'il a fait !"

Les intonations de voix et l'expression du visage du contre-interrogateur peuvent exercer une influence considérable sur le jury, en lui permettant de saisir pleinement un élément de son discours qu'il risquerait autrement de négliger.

Un jour, lors du contre-interrogatoire d'un témoin du nom de Sampson, rédacteur en chef du *Referee* poursuivi pour diffamation, Russell posa une question à laquelle le témoin ne répondit pas. "N'avez-vous pas entendu ma question ?" demanda doucement Russell. "Je l'ai entendu", répondit Sampson. "L'avez-vous compris ?" insista Russell, d'un ton égal. "Je l'ai entendu", répondit Sampson. "Alors", s'exclama Russell de sa voix la plus forte et donnant l'impression qu'il allait bondir de sa place pour saisir le témoin par la gorge, "pourquoi ne répondez-vous pas ?" Dîtes au jury pourquoi vous ne répondez-pas." Une vague d'excitation survola le tribunal. Submergé, Sampson ne put guère reprendre contenance. [5]

Exprimez-vous avec clarté et incitez votre témoin à faire de même. Présentez vos points de manière si claire que même l'individu le moins éclairé pourra les comprendre. Conservez constamment l'intérêt de votre audience — le jury — et leur attention. Rappelez-vous que vous vous adressez au jury, même lorsque c'est le témoin que vous interrogez. Adaptez les modulations de votre voix en fonction du point que vous abordez. La voix de Rufus Choate semblait captiver le témoin, exerçant une influence certaine et plongeant l'auditoire dans un silence profond. Lors de l'interrogatoire des témoins, il permettait à sa voix riche de déployer toute sa variété et sa résonance. Le contraste entre son ton et celui des avocats qui le suivaient était frappant.

"L'emprise du jury par Me. Choate débutait bien avant sa plaidoirie finale ; elle se manifestait dès qu'il prenait place face à eux et les regardait directement dans les yeux. Il s'efforçait généralement de s'installer aussi près d'eux qu'il le pouvait, souvent en plaçant sa table près de la barre, juste devant leurs sièges, et seulement séparée d'eux par un étroit passage. Il prenait place avec calme et sérénité au milieu du bruit et de l'agitation habituelle, progressant toujours, que ce soit avec le jury, soit avec la cour, soit avec le témoin ; il ne faisait jamais rien qui puisse risquer de lui aliéner leur faveur, et s'efforçait constamment de la gagner. Il souriait béatement à l'avocat lorsque celui-ci faisait une bonne remarque, et adressait un sourire compatissant au jury lorsqu'un juré riait ou posait une question. Il les courtisait continuellement du regard, les magnétisant presque comme un amant séduit sa bien-aimée, semblant diriger toute la scène avec une aisance et une supériorité naturelle et exerçant dès les premières minutes une influence indéfinissable sur l'esprit de tous ceux qui l'entouraient. Son attitude envers le jury était celle d'un ami bienveillant, un ami désireux de les assister dans leur tâche ardue ; jamais celle d'un combattant acharné déterminé à gagner à tout prix, mais plutôt celle d'un guide prêt à les aider à atteindre la vérité." [6]

CHAPITRE III

LA MÉTHODE DE CONTRE-INTERROGER

Après avoir assimilé la première leçon de notre art, à savoir maitriser notre *manière* de contre-interroger notre témoin, même dans les circonstances les plus éprouvantes, il est désormais important de nous tourner vers notre *méthode* de contre-interrogation. Par notre manière de contre-interroger, nous avons peut-être réussi à désarmer le témoin, ou du moins à le rendre méfiant, tandis que nous explorons méticuleusement ses souvenirs et sa conscience à travers des interrogations subtiles et minutieuses, dont l'impact lui échappera peut-être. Toutefois, ce n'est qu'avec notre méthode de contre-interrogation que nous pouvons espérer le neutraliser complètement.

Quel devrait-être notre premier angle d'attaque ? Devrions-nous adopter la méthode tristement célèbre, employée par tant d'autres dans les tribunaux, consistant à reprendre le même témoignage qui a déjà été donné à notre adversaire, dans l'espoir absurde que le témoin apportera une version différente ? Ou son témoignage, relaté à deux reprises, ne fera-t-il pas en fait doublement effet ? Où devrions-nous plutôt éviter soigneusement de reprendre son récit initial, sauf dans la mesure où cela est nécessaire pour en souligner les lacunes ? Quoi que nous choisissions de faire, il est nécessaire d'agir avec dignité et sérénité, en faisant preuve d'une impartialité totale envers le témoin, et en posant nos questions dans un langage clair et simple, de manière à éviter tout malentendu. Imaginons-nous à la place des jurés, afin de pouvoir appréhender les choses de leur point de vue. Nous ne cherchons pas à nous bâtir une réputation de contre-interrogateurs "rusés" auprès de l'auditoire. Notre préoccupation première est notre client et le fait qu'il sollicite notre expertise afin d'influencer favorablement le jury à son sujet. Évitons donc d'interroger de façon imprudente, sans suivre un but précis. Poser des questions inefficaces est plus préjudiciable que de ne pas en poser du tout, car celles-ci ne font que renforcer les déclarations du témoin au lieu de les fragiliser.

Durant tout le témoignage direct de notre témoin fictif, nous avons scruté chacun de ses gestes et expressions. Avons-nous repéré une faille à utiliser durant notre contre-interrogatoire ? Avons-nous décelé le point faible de son récit ? Si tel est le cas, ne perdons pas de temps et allons droit aux faits. Il se peut que la position du témoin vis-à-vis des parties ou de l'objet du procès soit révélée au jury, en expliquant pourquoi son témoignage penche en faveur de la partie qu'il représente. Il est possible que le résultat du procès lui soit d'intérêt direct ou qu'il en retire un avantage indirect. Il pourrait également avoir d'autres motivations tangibles que nous pourrions l'amener à dévoiler de manière subtile. Le témoin peut aussi tout simplement être influencé par un parti pris, si souvent préjudiciable à la recevabilité des preuves, dont il n'est peut-être même pas conscient. Si le jury était seulement conscient des moyens dérisoires utilisés par le témoin pour obtenir une connaissance précise et fiable des faits sur lesquels il a témoigné avec tant de désinvolture, d'autant plus aidé par les questions habiles de l'avocat de la partie adverse, cela affaiblirait considérablement l'impact de son témoignage. D'autre part, il se peut que le témoin ait eu la meilleure opportunité d'observer les événements qu'il relate, mais qu'il n'a pas eu la clairvoyance nécessaire pour les interpréter correctement. Deux personnes peuvent être témoins du même événement et en tirer des conclusions totalement différentes ; mais chacune, appelée à témoigner, pourrait être encline à affirmer que son interprétation est la bonne. Il est évident que les deux récits d'une même situation ne peuvent pas être simultanément vrais ; alors quelle interprétation était erronée ? Qui avait le meilleur poste d'observation ? Qui avait le sens de la perception le plus aiguisé ? C'est tout cela qui déterminera justement la méthode de notre contre-interrogatoire.

L'ART DU CONTRE-INTERROGATOIRE

La capacité d'observation est une chose, tout comme la capacité d'observer avec précision. Cependant, être capable de se souvenir de manière exacte, sur une certaine période, de tout ce que l'on a vu et entendu une seule fois, est une tout autre affaire. Et ce qui est peut-être plus difficile encore est de pouvoir être en mesure de le relater de manière intelligible. De nombreux témoins ont vu seulement une partie d'un événement, et il leur a été raconté la partie restante. Par la suite, ils ont été pris de confusion dans leurs propres souvenirs, ou peut-être seulement dans leur manière de s'exprimer, concernant ce qu'ils ont vu eux-mêmes et ce qu'ils ont entendu de la part d'autres personnes. Tous les témoins ont une propension à embellir, à exagérer ou à atténuer les faits qu'ils prêtent serment à relater.

Parmi eux, ce type de témoin très répandu, qui, des années après avoir assisté à un certain événement, se retrouve soudain appelé à témoigner devant un tribunal. Dès lors, il s'efforce de se remémorer ses premières impressions de l'évènement et, au fil de ses échanges avec l'avocat chargé de l'interroger, il agrémente son récit de nouveaux détails, en les pensant être — ou en étant amené à les penser être — des souvenirs authentiques. Progressivement, il en vient à les considérer comme des faits avérés. De nombreuses personnes semblent redouter de répondre un simple "je ne sais pas" et que cette réponse ne soit perçue comme une admission d'ignorance. Par conséquent, même lorsque leurs intentions sont tout à fait sincères, elles sont enclines à étoffer leur récit en faisant appel à leur imagination.

Et certains témoins font souvent l'erreur, au moins dans une partie de leur récit, de mêler leurs propres croyances et déductions aux faits.

Toutes ces considérations devraient naturellement suggérer une série de questions à poser, adaptées à chaque témoin interrogé, et qui, si elles sont soigneusement menées, seront en mesure de démêler les apparences de la réalité et de réduire les exagérations à leurs justes proportions. De plus, il est essentiel de faire en sorte que le jury ne se contente pas de relever l'erreur ; il doit également, aussitôt qu'il la constate, être amené à considérer pourquoi et comment elle est survenue. Plutôt que d'écarter l'erreur jusqu'au terme de l'interrogatoire pour la mettre à ce moment-là évidence devant le jury, leur présenter immédiatement permet de conserver sa fraîcheur dans leur esprit et son effet sera donc plus durable.

Un contre-interrogateur expérimenté peut généralement déterminer, après quelques simples questions posées, la ligne directrice à suivre. Imaginez-vous la scène relatée telle qu'elle se déroulerait devant vos yeux ; scrutez méticuleusement la source d'information du témoin et tirez vos propres conclusions quant à l'origine de son erreur et aux raisons l'ayant conduit à se former ces impressions erronées. Affichez clairement votre foi en son intégrité et votre volonté de lui accorder votre impartialité, tout en cherchant à le convaincre de faire preuve de franchise. Une fois que vous avez identifié la faille spécifique qui affecte son témoignage, vous pouvez aisément l'amener à ce qu'il l'expose au jury. Souvent, il est plus efficace de déceler ses erreurs par déduction plutôt que par des questions directes, car tout témoin redoute de se contredire. Si le témoin saisit le rapport entre vos interrogations et ses propres propos irréguliers, il peut vouloir recourir à son imagination pour fournir des explications et anticiper ainsi toute remarque sur l'incohérence entre sa déclaration actuelle et sa déclaration initiale. Il est parfois avisé de réduire l'impact du témoignage du témoin en lui posant des questions qui suggèrent immédiatement au jury qu'une version alternative plus plausible du témoignage pourrait être présentée par la suite — ce qui peut subtilement dévoiler une manœuvre de la défense. Évitez de commettre l'erreur, très courante chez les novices, d'accorder plus d'importances qu'il n'en faut aux incohérences mineures. Il est justement dit que "les jurés ne respectent guère les petites victoires acquises sur l'assurance ou les souvenirs d'un témoin". Permettez au témoin volubile de s'exprimer ; il se mettra lui-même dans des difficultés dont il ne pourra s'échapper. Certains témoins font dans des démonstrations excessives ; encouragez-les et guidez-les doucement vers des exagérations qui choqueront le bon sens du jury. Ne déformez jamais les propos d'un témoin ; il n'y a pas d'erreur plus préjudiciable pour l'avocat auprès du jury.

Si par chance, vous obtenez une réponse particulièrement favorable, laissez-la et passez tranquillement à une autre question. Il est fort probable que le contre-interrogateur inexpérimenté répétera la question dans l'espoir d'impressionner l'auditoire, au lieu de la conserver pour sa conclusion, et interprétera le fait que son témoin rectifie ou modifie sa réponse comme de la malchance, perdant ainsi son avantage. C'est méconnaître la nature humaine que de penser qu'en se félicitant de son propre succès durant le contre-interrogatoire, le témoin ne sera pas instantanément sur ses gardes et se gardera ainsi de faire toute révélation favorable à l'avenir.

David Graham, un contre-interrogateur prudent et efficace, a un jour déclaré, peut-être davantage sur une note humoristique qu'autre chose : "Lors d'un contre-interrogatoire, un avocat ne devrait jamais poser une question à un témoin à moins qu'il ne sache d'avance quelle sera la réponse ou, alors, à moins qu'il ne se soucie pas de celle-ci. Cela reflète également le principe avancé par un autre avocat, selon laquelle la victoire de la plupart des procès est attribuée à la partie qui commet le moins d'erreurs lors du contre-interrogatoire." Il est indéniable qu'aucun avocat ne devrait poser de question *critique* s'il n'est pas certain de la réponse.

Me. Sergeant Ballantine, dans son œuvre "Expériences", cite l'exemple du procès d'un prisonnier accusé d'homicide. Un avocat plaidant anglais autrefois célèbre se vit poussé par l'insistance d'un confrère, et cela contre son propre jugement, à poser une question lors du contre-interrogatoire. La réponse à celle-ci contribua à condamner son client. Après avoir entendu la réponse, il se tourna vers l'avocat qui lui avait donné conseil, et lui dit en insistant sur chaque mot : "Rentrez chez vous, tranchez-vous la gorge et, lorsque vous rencontrerez votre client en enfer, demandez-lui pardon".

Il est parfois opportun, dans une affaire où l'on soupçonne que le témoin est réticent à dévoiler toute la vérité, de poser des questions dont vous savez que les réponses pourraient surprendre le jury et leur sembler improbables. Je me souviens d'un incident récent, illustrant ce point, qui s'est produit lors d'un procès visant à recouvrer l'assurance d'un grand entrepôt réduit en cendres. Les compagnies d'assurance n'avaient trouvé aucun registre de stock répertoriant la quantité de marchandises disponibles au moment de l'incendie. L'un des témoins de l'incendie s'avéra être le comptable du plaignant. Lors de l'interrogatoire principal, il rapporta tous les détails de l'incendie, mais ne mentionna guère les registres. Le contre-interrogatoire s'est déroulé en quelques questions ciblées :

"Je suppose que vous disposez d'un coffre-fort dans votre bureau, dans lequel vous conservez vos livres de comptes ?"

"Oui, monsieur."

"Le coffre a-t-il été endommagé dans l'incendie ?"

"Oh, non."

"Étiez-vous présent au moment de son ouverture après l'incendie ?"

"Oui, monsieur."

"Alors, seriez-vous aimable de nous remettre le registre des stocks afin de montrer au jury quelles marchandises étaient exactement stockées lors de l'incendie, celles pour lesquelles vous réclamez une indemnisation ?"

(C'était là le point crucial de l'affaire, et le jury n'était pas préparé à la réponse suivante).

"Je ne l'ai pas, monsieur."

"Comment ça, vous n'avez pas le registre des stocks ? Vous voulez dire que vous l'avez perdu ?"

"Il n'était pas dans le coffre-fort, monsieur."

"Mais n'était-ce pas l'endroit approprié pour le ranger ?"

"Si, monsieur."

"Alors comment se fait-il que le registre n'y était pas ?"

"Il a malencontreusement été sorti du coffre-fort la nuit précédant l'incendie."

Certains membres du jury ont directement déduit que le précieux registre des stocks avait été intentionnellement écarté et ont donc refusé de donner raison à leurs pairs dans leur opposition aux compagnies d'assurance.

L'intelligence moyenne est souvent plus aiguisée qu'on ne le suppose. Les questions posées lors du contre-interrogatoire dans leur forme argumentative ont souvent un impact bien plus significatif sur le jury que si ces mêmes arguments étaient réservés à la plaidoirie finale. Le juré saisit lui-même l'argument, le considère comme étant sa propre découverte, et le défend avec encore plus de vigueur. Durant le contre-interrogatoire de Henry Ward Beecher dans l'affaire célèbre Tilton-Beecher, après que celui-ci eut nié toute relation intime présumée avec la femme de M. Tilton, le juge Fullerton lut un passage du sermon prêté par M. Beecher. Ce passage stipulait que si une personne commettait un péché grave, dont la révélation causerait du tort à autrui, cette même personne ne devrait pas le confesser uniquement à des fins de soulager sa propre conscience. Fullerton a alors fixé M. Beecher droit dans les yeux et lui a demandé : "Considérez-vous toujours qu'il s'agit là d'une doctrine saine ?" M. Beecher a répondu par l'affirmative. La déduction qu'un juré pourrait tirer de cette question et de sa réponse constituerait un argument subtil dans cette affaire.

Parfois, l'impact d'un témoignage adverse peut-être complètement neutralisé par une simple confrontation telle que celle-ci, durant laquelle le témoin est subitement ridiculisé face au jury. Et tout ce qu'il a précédemment avancé contre vous semble alors être oublié lorsque des rires moqueurs accompagnent sa sortie de la barre des témoins. Dans une récente affaire impliquant la société ferroviaire Metropolitan Street Railway, un témoin qui avait été soumis à un contre-interrogatoire plutôt insistant a finalement pris la parole avec insolence, se redressant sur sa chaise de témoin pour déclarer : "Je ne suis pas venu ici pour que vous vous jouiez de moi. Me prenez-vous pour Anna Held ?" [7] L'avocat répondit avec calme : "Je ne pensais pas à Anna Held, mais peut-être à Ananias !" Cette réplique déclencha la fureur du témoin et le rire du jury. L'avocat, quant à lui, qui n'avait jusqu'alors rien obtenu du témoin, reprit tout simplement sa place, satisfait.

Ces petites victoires sont toutefois rarement réservées aux avocats. Si l'avocat lui en offre l'opportunité, le témoin rusé peut en effet riposter de manière à tout fait l'humilier, ce qui ne manquerait pas de susciter l'approbation chaleureuse du jury et de l'auditoire. Un procès eut lieu aux assises de Worcester, en Angleterre. Il y était question de la vente d'un cheval et de la robustesse de celui-ci. Un pasteur avait été appelé à témoigner, mais n'était parvenu qu'à livrer un récit plutôt confus de la transaction. Après plusieurs tentatives pour établir les faits lors du contre-interrogatoire, un avocat fanfaron de la partie adverse s'écria : "Monsieur, connaissez-vous la différence entre un cheval et une vache ?" "Je reconnais mon ignorance, répondit le pasteur, je ne sais guère distinguer un cheval d'une vache, ou même une brute d'une bête — seulement, une bête, m'a-t-on dit, a des cornes, et une brute (il s'inclina respectueusement devant l'avocat), heureusement pour moi, n'en a pas." [8]

Dans un chapitre qui va suivre, il est fait référence au contre-interrogatoire d'un médecin dans l'affaire Carlyle Harris, où est relaté longuement un exemple frappant de cette méthode d'interrogatoire. À ce sujet, il serait peut-être pertinent d'évoquer quelques exemples de procès concernant des préjudices corporels, qui illustrent des méthodes efficaces de contre-interrogatoire. Dans de telles affaires, l'objectif principal de l'avocat est de modérer le récit des souffrances endurées par le plaignant et d'ainsi davantage maîtriser le verdict de jurys compatissants.

Tel est l'exemple de l'affaire d'un marchand commissionnaire new-yorkais du nom de Metts, âgé de soixante-six ans, qui conduisait un véhicule à la capote ouverte sur Columbus Avenue. Tandis que sa voiture approchait du virage de la Cinquante-troisième rue et de la Septième Avenue, il s'affairait à refermer une vitre à la demande de sa vieille dame sur le siège passager. C'est alors là qu'une embardée soudaine et violente du véhicule le projeta tout entier sur le bitume, lui infligeant des blessures qui l'ont tourmenté pendant trois longues années avant la date du procès.

L'avocat du plaignant détailla minutieusement toutes les souffrances de son client : une commotion cérébrale, une perte de mémoire, des troubles de la vessie, une jambe brisée, un affaiblissement général et une douleur chronique au dos. Et toutes les difficultés rencontrées par le plaignant pour tenter d'atténuer ses douleurs furent également longuement relatées. Pour couronner le tout, son médecin traitant avait déclaré que la valeur raisonnable de ses services s'élevait à la modeste somme de 2500 dollars.

Avant d'entamer son contre-interrogatoire, l'avocat représentant la compagnie ferroviaire avait minutieusement observé le visage du médecin et son comportement sur la chaise des témoins. Il en avait conclu qu'avec une approche adéquate, il pourrait obtenir de lui un témoignage se rapprochant le plus possible de la vérité, quelle qu'elle soit. Ainsi, il entreprit de chercher une ouverture, qui se présenta dès les premières questions :

L'avocat. Docteur, pourriez-vous nous donner le terme médical approprié pour décrire l'état actuel du plaignant ?

Le médecin. Il souffre de ce qu'on appelle une "hypocondrie traumatique."

L'avocat. Une hypocondrie, docteur ? Cela désigne-t-il bien la condition, ou la maladie si vous préférez, de donner une importance exagérée à des maux que la plupart des personnes en bonne santé considéreraient comme mineurs ?

Le médecin. C'est exact, monsieur.

L'avocat (avec un sourire). J'espère que vous ne souffrez pas vous-même de cette condition, docteur !

Le médecin. Pas à ma connaissance, monsieur.

L'avocat. Nous devrions donc être en mesure d'obtenir de vous la déclaration la plus juste sur les troubles de ce monsieur, n'est-ce pas ?

Le médecin. Je l'espère, monsieur.

L'avocat avait trouvé l'ouverture ; le témoin avait déjà été encouragé à confirmer de nombreux éléments et il avait également été averti contre toute exagération.

L'avocat. Commençons par les troubles de la vessie. N'est-il pas courant pour tout homme étant âgé de soixante-six ans de rencontrer des troubles de la vessie pouvant entraîner un inconfort plus ou moins prononcé ?

Le médecin. Oui, c'est très fréquent chez les hommes âgés.

L'avocat. Vous avez mentionné que M. Metts était sourd d'une oreille. J'ai remarqué qu'il semblait entendre particulièrement bien les questions qui lui étaient posées au tribunal ; l'avez-vous remarqué également ?" *Le médecin.* Oui, je l'ai remarqué.

L'avocat. À partir de soixante-six ans, la plupart des hommes ne perdent-ils pas progressivement l'ouïe ?

Le médecin. En effet, monsieur, c'est fréquent.

L'avocat. En toute franchise, docteur, ne pensez-vous pas que cet homme entend remarquablement bien pour son âge, malgré le fait qu'il soit censé avoir une oreille sourde ?

Le médecin. Je le pense, en effet.

L'avocat (continuant sur sa lancée). Je ne vous pense pas atteint de cette "hypocondrie traumatique", docteur.

Le médecin (satisfait). Je n'en ai aucunement l'impression.

L'avocat. Vous avez mentionné que M. Metts avait eu une commotion cérébrale. N'est-il pas vrai que tous les garçons qui tombent en arrière en patinant sur la glace et se cognent la tête ont ce que vous, les médecins, appelez une "commotion cérébrale" ?

Le médecin. En effet, monsieur.

L'avocat. Vous avez également parlé des hémorragies cérébrales dont aurait souffert le plaignant. Essayez-vous de nous dire qu'à la suite de pareilles hémorragies, il aurait pu survivre et se trouver parmi nous ?

Le médecin. Il s'agissait d'hémorragies microscopiques.

L'avocat. Voulez-vous dire qu'il aurait fallu un microscope pour les détecter ?

Le médecin. C'est exact.

L'avocat. Vous ne prétendez donc pas avoir guéri de ces hémorragies microscopiques, docteur ?

Le médecin. Je l'ai soigné, monsieur.

L'avocat. Vous avez certainement soigné sa jambe cassée. Avez-vous réussi à obtenir une bonne guérison ?

Le médecin. Oui, sa jambe est maintenant robuste et en bonne santé.

Ayant obtenu toutes les confirmations nécessaires grâce à sa méthode "avenante", l'avocat changea subitement de ton.

L'avocat. Vous avez déclaré que le montant raisonnable de vos services pour ces soins s'élève à 2500 dollars. Trois ans se sont écoulés depuis l'accident de M. Metts. Lui avez-vous envoyé une facture ?

Le médecin. Oui, je l'ai envoyée.

L'avocat. Je souhaite la voir. (Il se tourna vers l'avocat du plaignant.) L'un de vous peut-il me montrer la facture ?

Le médecin. Je ne l'ai pas monsieur.

L'avocat (étonné). Quel était son montant ?

Le médecin. 1000 dollars.

L'avocat (brusquement). Exigeriez-vous de la compagnie ferroviaire des dommages s'élevant à plus du double et demi du montant que vous réclamez au patient lui-même ?

Le médecin (pris au dépourvu par le brusque changement de ton de l'avocat). Vous m'avez demandé la valeur de mes services.

L'avocat. N'avez-vous pas facturé à votre patient la juste valeur de vos services ?

Le médecin (sans réponse).

L'avocat (vivement) Combien déclarez-vous sous serment avoir été *payé* sur votre facture ?

Le médecin. Il m'a d'abord payé 100 dollars, il y a deux ans ; et deux autres fois par la suite, il m'a payé 30 dollars.

L'avocat. De la part d'un marchand commissionnaire fortuné !

Et c'est en lâchant un rire qui se rapprochait fortement du ricanement que l'avocat se rassit.

Dans un autre des nombreux procès à l'encontre de la société ferroviaire Metropolitan Street Railway, un amusant incident eut lieu en salle d'audience et mena à la révélation d'une fraude manifeste. Il était question de la collision entre deux véhicules électriques de la société.

Par la force de la collision, le plaignant, un ouvrier, avait été projeté sur le trottoir depuis la plate-forme du wagon et s'était disloqué l'épaule. Il avait témoigné qu'il était durablement blessé et qu'il ne pouvait plus exercer son emploi, car il était désormais incapable de lever son bras au-delà certaine limite, parallèle à son épaule. Au cours contre-interrogatoire, l'avocat représentant la société ferroviaire adressa au témoin quelques questions compatissantes sur ses souffrances. Après avoir sympathisé avec lui, il lui demanda "d'avoir l'amabilité de montrer au jury jusqu'où il pouvait lever son bras depuis l'accident". Le plaignant, lentement et très difficilement, leva son bras jusqu'à ce qu'il soit parallèle à son épaule. "Maintenant, en utilisant le même bras, montrez au jury à quelle hauteur vous pouviez le lever avant l'accident", poursuivit tranquillement l'avocat. À la suite de cela, le témoin étendit son bras dans toute sa hauteur au-dessus de sa tête, alors que le jury et l'ensemble du tribunal partait d'un grand rire.

Dans cette autre affaire, pour assassinat cette fois ci, la défense d'aliénation mentale avait été avancée. Un témoin médical appelé par l'accusation affirma sous serment qu'au moment de commettre le meurtre, l'accusé était pris d'une folie meurtrière et agissait sous l'emprise d'une impulsion irrésistible.

Le juge, trouvant la déclaration du témoin insatisfaisante, poursuivit son interrogatoire sur différents autres points. Puis, il lui posa cette question : "Pensez-vous que l'accusé aurait agi de la même manière en présence d'un policier ?" À cela, le témoin répondit sans hésitation par la négative. Le juge fit alors remarquer : "Votre définition d'une impulsion irrésistible évoque donc sa survenance à tout moment, sauf en la présence d'un policier".

CHAPITRE IV

LE CONTRE INTERROGATOIRE DE TÉMOINS COMMETTANT UN PARJURE

Dans les chapitres précédents, nous avons exploré des suggestions, tirées de mon expérience, pour traiter correctement avec un témoin bien intentionné qui, par ignorance ou partialité, et plus ou moins de manière involontaire, a témoigné de nombreux éléments erronés à notre désavantage. Dans le présent chapitre, nous nous proposons d'aborder la tâche plus difficile encore qui consiste à démasquer, par l'art du contre-interrogatoire, la Fraude intentionnelle, soit le témoin qui commet un parjure. La plus grande ingéniosité de l'avocat plaidant est alors mise à contribution ; en effet, dans ces circonstances, les règles établies ne sont que de peu d'utilité, en comparaison à de véritables années d'expérience. Car rien n'est plus délicat pour un avocat que de prouver qu'un témoin, qui est lui était encore inconnu avant son témoignage, commet délibérément un parjure et que le mensonge jaillit de ses lèvres.

Il est rare que l'ensemble du témoignage apporté par le témoin soit faux. Le plus souvent, en effet, la majeure partie de son histoire est basée sur des faits réels. Mais c'est la partie cruciale, celle sur laquelle repose toute l'affaire, qui est délibérément fausse. Dans la lancée du procès imaginaire conduit dans les chapitres précédents, si nous soupçonnons, à la suite du témoignage principal, que le témoin que nous devons contre-interroger relève de cette catégorie, comment devrions-nous procéder pour l'exposer devant le jury ?

Il est crucial de s'assurer en premier lieu que notre jugement du témoin est correct et qu'il a bien l'intention de mentir délibérément. Le parjure est souvent associé à de l'embarras, bien que cela ne se vérifie pas toujours. La difficulté d'être amené à témoigner devant une audience pour la première fois, entouré de toutes parts d'avocats susceptible de les ridiculiser ou de les brusquer, peut susciter de l'embarras même chez les témoins les plus honnêtes. Certaines personnes sont également nerveuses de nature et réagissent simplement ainsi lorsqu'elles se retrouvent à témoigner lors d'un procès public. Il est donc essentiel de déterminer si notre témoin appartient à cette catégorie avant de le soumettre à la torture de l'interrogatoire rigoureux que nous réservons aux parjures.

Lorsqu'ils se livrent à un faux témoignage, les témoins les moins instruits se trahissent souvent en exposant : une intonation particulière dans leur voix, une certaine absence dans leur regard, une nervosité palpable sur leur chaise de témoin, une tentative manifeste de se souvenir de leur récit, et surtout l'utilisation d'un langage qui ne correspond pas à leur rang social. En revanche, un avocat expérimenté peut immédiatement déceler à travers les manières significatives d'un témoin honnête, mais ignorant, lorsqu'il ne fait que relater ce qu'il a véritablement vécu et entendu. L'expression de son visage évolue au fur et à mesure qu'il relate la situation ; il soutient le regard de l'interrogateur ; ses yeux s'illuminent lorsqu'il se remémore les événements ; et ses gestes sont en adéquation avec son rang social, ils correspondent donc aux détails de son récit, tandis qu'il s'exprime dans un langage propre à son milieu.

Cependant, si le comportement du témoin et la manière dont il a raconté son histoire présentent tous les signes d'une invention, il est souvent judicieux, en guise de première question, de lui demander de répéter son récit. Dans la plupart des cas, il le répétera presque à l'identique, démontrant ainsi qu'il l'a appris par cœur.

Il est aussi possible, bien que peu probable, que le témoin agisse ainsi tout en disant la vérité. Mettez-le à l'épreuve en l'interrompant au milieu de son témoignage et en le ramenant brusquement au début de son histoire, avant de sauter à la fin de celle-ci. S'il semble réciter de mémoire plutôt que de réellement se remémorer, il ne tardera pas à être confondu par cette méthode. Dépourvu de faits précis auxquels rattacher son récit, il ne peut le restituer que dans son intégralité, et non en y détachant certaines parties. Attirez son attention vers d'autres éléments totalement indépendants de l'histoire principale telle qu'il l'a rapportée. Il sera alors très peu préparé à ces nouvelles interrogations et devra faire appel à son imagination pour répondre. Orientez à nouveau ses pensées vers une partie du récit que vous n'aviez pas encore abordé, puis subitement, lorsque son esprit est absorbé par un autre sujet, revenez aux premières interrogations et posez-lui à nouveau les mêmes questions. Il fera alors à nouveau appel à son imagination et donnera probablement des réponses différentes de celles données précédemment. Là, vous l'avez pris dans votre filet. Il lui est impossible d'inventer des réponses aussi promptement que vous pouvez formuler des questions, et de se souvenir de manière précise de ses inventions antérieures. Il ne parviendra ainsi pas à maintenir la cohérence de ses réponses. Rapidement, il s'en trouvera déstabilisé, et sera dès lors à votre merci. Une fois que vous avez démontré qu'il n'a pas seulement commis une erreur, mais qu'il a délibérément menti, vous pouvez le laisser.

Le *Green Bag* de novembre 1891 rapporte un épisode amusant lors du contre-interrogatoire mené par Jeremiah Mason à l'encontre d'un témoin de cette catégorie. "Le témoin avait affirmé avoir entendu une certaine déclaration de la part du client de Mason, et c'est sur cette preuve que reposait l'argumentation de la partie adverse. Me. Mason a alors conduit le témoin à répéter son témoignage mot pour mot. Ensuite, sans prévenir, il s'est approché de la barre, a pointé du doigt le témoin et lui a demandé, d'une voix forte et passionnée : "Montrez-nous donc ce papier que vous avez dans la poche de votre gilet !". Complètement pris par surprise, le témoin a machinalement obtempéré, sortant un papier de sa poche pour le tendre à Me. Mason. Lentement, l'avocat y lut les mots exacts prononcés par le témoin, et il mit en lumière le fait qu'ils étaient écrits de la main de l'avocat de la partie adverse."

L'ART DU CONTRE-INTERROGATOIRE

"Comment diable saviez-vous que ce papier se trouvait là ?" a demandé un confrère avocat. "Eh bien," répondit Me. Mason, "j'ai remarqué que chaque fois qu'il récitait cette partie de son témoignage qu'il semblait tout juste avoir entendu, il mettait la main à la poche de son gilet, puis la laissait retomber lorsqu'il avait fini de parler."

Daniel Webster considérait Mason comme le plus grand avocat ayant jamais plaidé au barreau de la Nouvelle-Angleterre. De lui, il disait : "Fort de ma propre expérience, je préférerais, dans une affaire, me trouver confronté à tous les avocats réunis que j'ai connus, plutôt que de me trouver confronté à lui, et à lui seul". Mason était réputé pour posséder précisément "l'instinct du point faible" du témoin qu'il contre-interrogeait.

Si les parjures dans nos tribunaux étaient uniquement attribués aux classes ignorantes, le travail de contre-interrogatoire se révélerait relativement simple. Malheureusement, pour la cause de la justice et de la vérité, ce n'est guère le cas. Le parjure est de plus en plus fréquent et, de nos jours, rares sont les procès où il ne se manifeste pas de manière plus ou moins flagrante. Rien n'est plus ardu dans la conduite d'une affaire que d'exposer le témoin qui commet un parjure lorsque celui-ci est suffisamment intelligent pour parvenir à dissimuler son manque de scrupules. Bien qu'il existe différentes méthodes pour y parvenir, aucune règle uniforme ne peut être établie quant à la manière de traiter avec un tel témoin. Tout dépend du caractère de celui que l'on cherche à démasquer. Dans la grande majorité des affaires, vous rencontrerez davantage de succès en ne laissant guère transparaître vos soupçons envers le témoin. Il est préférable au préalable de l'amener à s'engager sur différents éléments que vous pensez pouvoir exploiter par la suite.

Deux figures notables du barreau irlandais, le sergent Sullivan, devenu le Maître des Rôles en Irlande, et le sergent Armstrong, ont été célèbres pour leurs méthodes de contre-interrogatoire. Barry O'Brien, dans son ouvrage "Life of Lord Russell", décrit ces méthodes. "Sullivan, explique-t-il, abordait le témoin de manière presque amicale. Il lui donnait l'impression d'être tout à fait impartial dans sa quête d'informations, de découvrir avec une certaine surprise ses déclarations, et d'être même reconnaissants pour les éclaircissements supplémentaires qu'il apportait à l'affaire. "Ah, en effet ! s'exclamait-il. Eh bien, puisque vous avez déjà tant dit, peut-être pourriez-vous nous apporter davantage votre aide. Vraiment, votre Honneur, cet homme est si éclairé." Manipulant habilement le témoin avec prudence, Sullivan l'attirait subtilement dans ses filets, en le laissant totalement dans l'ignorance de son véritable angle d'attaque. Une fois que le piège était refermé, le "petit sergent" fondait sur sa proie et la secouait comme un terrier secoue un rat.

Le "grand sergent" Armstrong, quant à lui, usait davantage de son pouvoir et de son humour, à défaut de posséder les mêmes ressources et la même dextérité. Son arme la plus redoutable était l'humiliation. Il se moquait ouvertement du témoin, faisait rire l'assemblée. Cela déstabilisait son témoin et lui faisait perdre son sang-froid. Armstrong en profitait alors pour le marteler de questions, comme un champion sur un ring martèlerait son adversaire de coups."

Dans certains cas, il est avisé de se concentrer uniquement sur quelques points cruciaux, sur lesquels vous êtes certain que le témoin se contredira de lui-même. Il est rarement bénéfique de l'interroger sur des sujets qu'il maîtrise déjà. Il est préférable de l'interroger sur des éléments de son récit sur lesquels il n'a pas encore témoigné, et pour lesquels il n'aurait certainement pas préparé de réponse.

Un exemple instructif de contre-interrogatoire, mené selon ces principes, est rapporté dans l'ouvrage "Tact in Court" du juge J. W. Donovan. Cet exemple est d'autant plus intéressant, car il s'est déroulé lors de la première défense d'Abraham Lincoln dans un procès pour meurtre.

"Grayson était accusé d'avoir tiré sur Lockwood lors d'une réunion de camp-meeting, dans la soirée du 9 août 1918, et d'avoir pris la fuite juste après avoir commis son meurtre, sous les yeux de Sovine, témoin des événements. Les éléments de preuves étaient si irréfutables que, même avec son excellente réputation, Grayson se trouva presque lynché à deux reprises peu après son inculpation pour meurtre.

N'étant pas parvenue à obtenir les services d'un avocat plus expérimenté, la mère de l'accusé a dû faire appel au jeune Abraham Lincoln, tel qu'on l'appelait alors, et le procès a rapidement suivi son cours. Aucune objection n'a été soulevée, et le contre-interrogatoire des témoins a été limité à celui du dernier et crucial témoin, qui a juré sous serment connaître la victime et l'accusé. Il a témoigné avoir vu Grayson tirer et fuir les lieux, et avoir trouvé le défunt, décédé sur le coup.

Sur le plan moral, la preuve de l'identification de l'accusé et de sa culpabilité était indiscutable. La salle d'audience était comble, et l'intérêt était palpable. La mère de Grayson commençait à se demander pourquoi "Abraham était resté si longtemps silencieux et pourquoi il n'avait rien fait". L'accusation a finalement clos les débats. Le grand avocat (Lincoln) se leva, fixa d'abord le témoin crucial en silence, puis sans recourir à des ouvrages ou des notes, entama lentement sa défense par ces questions :

Lincoln. Vous étiez avec Lockwood juste avant le coup de feu et vous y avez assisté ?

Le témoin. Oui.

Lincoln. Et vous étiez tout près d'eux au moment du coup de feu ?

Le témoin. Non, à une distance d'environ vingt mètres.

Lincoln. N'était-ce pas plutôt *trois* mètres ?

Le témoin. Non, c'était bien vingt mètres *ou plus*.

Lincoln. Dans un endroit découvert ?

Le témoin. Non, dans les bois.

Lincoln. Quel type de bois ?

Le témoin. Un bois de hêtres.

Lincoln. Leurs feuilles sont assez épaisses en août, n'est-ce-pas ?

Le témoin. Oui, assez.

Lincoln. Et vous pensez que *ce* pistolet est celui qui a été utilisé ?

Le témoin. Il y ressemble.

Lincoln. Vous avez pu voir l'accusé tirer, donc sa manière de tenir le canon et tout le reste ?

Le témoin. Oui.

Lincoln. À quelle distance était-ce du meeting-camp ?

Le témoin. À plus d'un kilomètre.

Lincoln. Où se trouvaient les sources de lumières vous permettant de voir la scène en pleine nuit ?

Le témoin. Près de la tribune du pasteur.

Lincoln. À plus d'un kilomètre ?

Le témoin. Oui. Je vous l'ai *déjà* dit.

Lincoln. N'avez-vous pas vu une bougie là, près de Lockwood ou Grayson ?

Le témoin. Non ! Pourquoi y aurait-il eu une bougie ?

Lincoln. Comment avez-vous pu voir le coup de feu alors ?

Le témoin. À la lueur de la lune ! (Le témoin affichait un air de défi)

Lincoln. Vous avez vu le coup de feu à dix heures du soir — dans un bois de hêtres, à plus d'un kilomètre des lumières — avez vu le canon du pistolet, avez vu l'homme tirer — l'avez-vu à vingt mètres de distance — tout cela à la lueur de la lune ? Vous avez vu tout cela à un kilomètre des lumières du camp ?

Le témoin. Oui, je vous l'ai déjà dit.

L'intérêt général était maintenant à une telle intensité que les gens se penchaient en avant pour saisir la moindre syllabe de cet échange. Puis l'avocat sortit un livre de la poche de son manteau, un almanach à couverture bleue. Il l'ouvrit lentement, le présentant comme pièce à conviction, le montra au jury et à la cour, et lut une page avec soin. La lune, cette nuit-là, lut-il, n'était pas visible et ne s'était levée qu'à une *heure* du matin suivant.

À la suite de cette apothéose, Me. Lincoln exigea l'arrestation du témoin parjure, le désignant comme le véritable meurtrier, et affirmant : "Seul *le motif de vouloir se disculper* aurait pu le pousser à commettre une telle parjure, condamnant ainsi quelqu'un qui ne lui avait jamais nui !" Lincoln exposa son argument avec une telle conviction que le tribunal ordonna l'arrestation de Sovine. Sous le poids de l'émotion, ce dernier craqua et avoua être l'auteur du coup de feu fatal, tout en niant l'intentionnalité de son geste."

Une méthode complexe, mais remarquablement efficace pour exposer une catégorie particulière de témoin commettant un parjure consiste à le guider progressivement jusqu'à un point critique de son récit. À ce moment-là, en étant amené à répondre à la question finale "Laquelle ?", il sera contraint de choisir entre les deux seules explications présentées à lui. Et chacune de ces alternatives, si elle est avancée, pourrait gravement nuire, voire ternir tout à fait, sa crédibilité aux yeux du jury.

L'auteur a été témoin un jour de l'honorable Joseph H. Choate utilisant cette méthode d'interrogatoire de manière très révélatrice. Une femme intentait un procès contre un courtier en valeurs mobilières, pour obtenir la restitution de titres de créances et de suretés mobilières lui appartenant et détenus par ce dernier. Le mari de cette femme prit la parole à la barre des témoins et jura sous serment avoir déposé les suretés mobilières auprès du courtier à titre de garantie pour ses spéculations boursières. Il avança que ceux-ci ne lui appartenaient pas et qu'il avait agi de son propre chef, à l'insu de son épouse qui n'était alors pas au courant que les sûretés étaient en sa possession.

Me. Choate soutint alors que, même si les titres de créances appartenaient bel et bien à la femme, celle-ci devait avoir soit avoir consenti à ce que son mari les utilise, soit avoir été associée à lui dans cette transaction. Ces deux affirmations furent réfutées sous serment par le mari.

Me. Choate. Lorsque vous vous êtes aventuré dans le domaine de la spéculation à Wall Street, je suppose que vous avez envisagé la possibilité que le marché se retourne contre vous, n'est-ce pas ?

Le témoin. Eh bien, non, Me. Choate, je suis allé à Wall Street pour gagner de l'argent, pas pour en perdre.

Me. Choate. Certainement, monsieur ; mais vous admettez, n'est-ce pas, que le marché boursier évolue parfois à l'encontre des attentes ?

Le témoin. Oh, oui, je suppose que c'est le cas.

Me. Choate. Vous dites que les titres de créances ne vous appartenaient pas, mais qu'ils appartenaient à votre femme ?

Le témoin. Oui, monsieur.

Me. Choate. Vous dites également qu'elle ne vous les a pas prêtées à des fins de spéculation, et même qu'elle n'était pas au courant que vous les aviez en votre possession ?

Le témoin. Oui, monsieur.

Me. Choate. Vous admettez même que lorsque vous avez déposé les titres de créances auprès de votre courtier comme garantie de vos spéculations boursières, vous n'avez pas informé celui-ci du fait qu'ils ne vous appartenaient pas ?

Le témoin. Je n'ai pas mentionné à qui ils appartenaient, monsieur.

Me. Choate (dans son style inimitable). Eh bien, monsieur, dans les circonstances où le marché vous aurait été défavorable et où vos titres de créances auraient été vendues pour couvrir vos pertes, *qui aviez-vous l'intention de tromper, votre courtier ou votre femme ?*

Le témoin ne put fournir une réponse suffisamment satisfaisante et, pour la première fois, un jury new-yorkais trancha en faveur d'un courtier de Wall Street plutôt que de son client.

Dans la grande majorité des procès, cependant, même les efforts les plus habiles du contre-interrogateur ne réussiront pas à *piéger* le témoin de la sorte. Si vous avez réussi un tel coup, contentez-vous de cette victoire et ne cherchez pas à le réitérer avec le même témoin ; reprenez votre place et laissez-le quitter la barre.

Mais supposons que vous interrogez un témoin avec lequel il est impossible d'un résultat aussi significatif. Vous devrez alors faire preuve d'une patience et d'une ingéniosité infinies. Essayez de démontrer que son récit n'est pas cohérent avec sa propre personne, avec d'autres faits connus de l'affaire, ou tout simplement avec l'expérience commune de la vie. La persévérance possède un pouvoir merveilleux. Si vous échouez sur un certain point, renoncez-y et essayez d'une autre manière. Si le récit est un parjure, il y recèle certainement un point faible. Formulez habilement vos questions. Posez-les comme si vous attendiez une certaine réponse, alors qu'en réalité, vous souhaitez avoir la réponse tout à fait contraire. La règle d'or à suivre dans ce genre d'occasion est la suivante : "Gardez votre sang-froid tout en amenant le témoin à perdre le sien." Si vous accordez au témoin l'opportunité d'apporter ses propres arguments, ceux-ci risquent certainement de vous porter préjudices à vous, et non à lui. Si vous parvenez à l'épuiser ou à le mener à se sentir morose, vous aurez efficacement récolté les fruits d'un mensonge.

Cependant, il convient de ne pas encourager la pratique de longs contre-interrogatoires. En effet, si ces derniers ne détruisent pas tout à fait le témoignage, ils risquent de mener le jury à donner davantage de crédit aux déclarations d'un témoin qui fait l'objet d'un tel contre-interrogatoire intensif.

Un exemple de cette dynamique est survenu lors du procès pour parjure de l'affaire Tichborne, où un individu remarquable du nom de Luie fut appelé à la barre. Ce témoin rusé livra son récit avec une précision exemplaire et une exactitude manifeste. Bien qu'il fût hautement probable que son récit fût faux, prouver son mensonge fut une tâche ardue, presque désespérée. Son histoire était improbable, mais pas complètement invraisemblable. Si elle se révélait vraie, le requérant serait le véritable Roger Tichborne, ou du moins les probabilités pencheraient tellement en faveur de cette hypothèse qu'aucun jury ne pourrait conclure qu'il s'agissait d'Arthur Orton. Sa manière de témoigner était parfaite. Après le procès, l'un des jurés fut interrogé sur son opinion concernant le témoignage de Luie et sur la crédibilité qu'il lui avait éventuellement accordée. Il répondit qu'au début, il avait jugé l'histoire si improbable qu'il n'y avait aucune raison de la croire. Cependant, après avoir assisté à une journée entière d'acharnement de la part de Me. Hawkins sans que cela n'ébranlât le témoin, le juré commença à penser que si un contre-interrogateur aussi compétent que lui ne parvenait pas à l'atteindre, il devait y avoir du vrai dans ses dires, ce qui le fit douter. "Je peinais à comprendre comment, s'il n'avait proféré que des mensonges, il n'avait pas cédé devant un avocat aussi compétent", dit-il. [9]

Le juge qui préside, dont la parole détient toujours plus de poids que l'éloquence d'un avocat, interrompt souvent un contre-interrogatoire inutilement long par un brusque "Maître, je pense que nous perdons du temps", ou par "Je ne vous permettrai pas d'approfondir ce sujet", ou encore "Je ne perçois pas la pertinence de cet interrogatoire.". Ces interruptions de la part du juge sont des coups durs, dont seul un avocat très expérimenté peut se remettre facilement. Avant que le juge n'intervienne, le jury est peut-être déjà un peu fatigué, inattentif et impatient de terminer l'affaire ; il est donc disposé à approuver la remarque de son Honneur, et "l'atmosphère" de l'affaire, comme je l'ai toujours appelée, devient rapidement défavorable au client de l'avocat. L'atmosphère de l'affaire joue souvent un rôle des plus crucial dans le résultat final de chaque procès. De nombreux jurés se désintéressent des parties au litige — nos clients — car ils sont absorbés par l'affrontement intellectuel de leurs avocats respectifs.

C'est dans les poursuites pénales impliquant des enjeux politiques locaux que le système de jury est souvent mis à l'épreuve le plus sévèrement. Les jurés ordinaires sont souvent aveuglés par leurs opinions politiques, et lorsque la culpabilité ou l'innocence d'un accusé dépend de savoir s'il a ou non commis un acte favorisant son parti politique, le jury risque d'être divisé par les clivages politiques.

Il y a une dizaine d'années, lorsqu'une vague de réformes politiques a secoué la ville de New York, les Good Government Clubs ont mené à l'arrestation d'une cinquantaine d'inspecteurs électoraux pour violation des lois électorales. Tous ces hommes ont été jugés devant la Cour suprême, présidée par le juge Barrett. Les prisonniers devaient être défendus par plusieurs avocats plaidants, et les résultats des premiers procès étaient cruciaux. Si ces procès donnaient lieu à des acquittements, il était anticipé que les suivants connaîtraient le même sort ; cependant, si les premiers accusés étaient reconnus coupables et condamnés à de lourdes peines de prison, il en irait de même pour la plupart des autres accusés plaidant coupable, avec peu de perspectives de s'en sortir indemnes.

En cette période, pour les élections, le comté de New York était subdivisé en 1 067 circonscriptions électorales, avec en moyenne 250 voix exprimées dans chacune d'entre elles. Le premier inspecteur à être jugé était accusé de ne pas avoir enregistré correctement les votes en faveur du candidat républicain au conseil dans sa circonscription électorale. Dans celle-ci en particulier, 167 bulletins avaient été déposés, et il incombait aux inspecteurs de les compter et de transmettre les résultats au quartier général de la police.

Au cours du procès, douze honnêtes citoyens se sont succédé à la barre des témoins pour attester qu'ils résidaient tous dans la circonscription de l'accusé et qu'ils avaient tous voté en faveur du candidat républicain le jour de l'élection. Le décompte officiel de cette circonscription qui avait été signé par l'accusé, a ensuite été présenté comme preuve. Il annonçait 167 voix pour le candidat démocrate, aucune pour le candidat républicain. Plusieurs témoins cités par la défense étaient démocrates. L'affaire commençait à prendre une tournure politique, ce qui risquait de diviser le verdict du jury et donc de compromettre la condamnation. D'autant plus qu'une réputation irréprochable avait été établie pour l'accusé, qui n'avait jamais été soupçonné de malversations auparavant. Il avait lui-même prêté serment en son nom.

Le contre-interrogateur avait pour objectif de mettre l'accusé dans une position telle que le jury, quelles que soient leurs opinions politiques, ne pourrait avoir d'autre choix que de le condamner. Seulement cinq questions furent posées.

L'avocat. Vous avez mentionné, monsieur, que vous avez une femme et sept enfants qui dépendent de vous pour leur subsistance. Je suppose que vous préféreriez ne pas les abandonner, n'est-ce pas ?

L'accusé. C'est tout à fait exact, monsieur.

L'avocat. Mis à part cette préoccupation, je suppose que vous ne souhaitez pas passer un certain nombre d'années derrière les barreaux de la prison de Sing Sing ?

L'accusé. Certainement pas, monsieur.

L'avocat. Eh bien, vous avez entendu douze honnêtes citoyens témoigner sous serment qu'ils avaient voté pour le parti républicain dans votre circonscription, n'est-ce pas ?

L'accusé. Oui, monsieur.

L'avocat (désignant le jury). Et vous voyez les douze honnêtes messieurs présents ici, prêts à rendre un jugement sur lequel dépend votre liberté, n'est-ce pas ?

L'accusé. Oui, monsieur.

L'avocat (avec calme, mais de manière impressionnante). Monsieur, vous allez maintenant expliquer à ces douze messieurs (en désignant le jury) comment il se fait que vous n'ayez pas comptabilisé les bulletins déposés par les douze autres messieurs, et ensuite, vous pourrez récupérer votre chapeau et quitter la salle d'audience en tant qu'homme libre.

Le témoin hésita, baissa les yeux, mais ne répondit pas, et l'avocat reprit sa place.

Bien entendu, une condamnation s'en est ensuivi. L'accusé fut condamné à cinq ans dans une prison d'État. Dans les jours qui suivirent, près de trente autres accusés, inculpés pour les mêmes crimes, plaidèrent coupables, et l'ensemble des procédures judiciaires se finalisa en quelques semaines seulement. Il n'y eut aucun acquittement ni aucun conflit.

L'ART DU CONTRE-INTERROGATOIRE

Lorsqu'on détient une connaissance suffisante des faits concernant le témoin ou qu'on maîtrise suffisamment les détails de son témoignage principal pour pouvoir correctement l'anticiper, il est parfois possible de tendre un piège dans lequel même un témoin rusé risque de tomber. Comme nous le prouve l'exemple qui va suivre.

Du vivant du Dr J. W. Ranney, rares étaient les médecins à être aussi fréquemment appelés à la barre des témoins, surtout dans les procès pour dommages et intérêts. Son expertise en tant que témoin était telle que le juge en chef Van Brunt avait indiqué, il y a de nombreuses années, que "tout avocat qui tente de contre-interroger le Dr Ranney est idiot". Pourtant, quelques années avant le décès du Dr Ranney, un avocat plaidant, pleinement conscient des risques pouvant transformer toute erreur de contre-interrogatoire en un aveu de jugement, n'eut d'autre choix que de s'y aventurer. Et comme cela arrive parfois aux "imprudents", il parvint à "viser dans le mille", un coup de chance qui mérite d'être souligné.

Dans cette affaire, une dame avait saisi le tribunal contre la ville, pour demander des dommages et intérêts suite à un préjudice physique. En revenant de l'église un matin de printemps, elle avait trébuché sur un obstacle imperceptible dans la rue et cette chute l'avait pratiquement alitée pendant les trois années précédant le jour du procès. Elle fit son entrée dans la salle d'audience en chaise roulante, le teint pâle et maladif. Elle était également entourée de ses amies qui, telles des infirmières à son chevet, lui prodiguaient constamment des soins et des remèdes, enduisant ses mains et son visage de baumes odorants, ce qui eut un impact significatif sur le jury.

L'avocat de la plaignante, l'ex-juge en chef Noah Davis, affirma que sa colonne vertébrale avait été irrémédiablement endommagée et demanda au jury des dommages-intérêts de 50 000 dollars.

Le docteur Ranney avait suivi la patiente de près depuis le jour de sa chute. Il déclara lui avoir rendu visite une centaine de fois et l'avoir examinée minutieusement au moins une cinquantaine de fois afin de correctement établir son diagnostic. Ainsi, il était désormais convaincu que sa patiente souffrait sincèrement d'une maladie de la moelle épinière. Le juge Davis lui posa quelques questions préliminaires, puis fit signe au médecin de "s'adresser directement au jury pour leur exposer tous ces détails." Le docteur Ranney parla pendant près de trois quarts d'heure, sans interruption. Il décrivit en détail les souffrances de sa patiente depuis qu'il s'occupait d'elle, tous les efforts déployés pour soulager sa douleur, et la nature accablante de sa maladie. Il s'efforça ensuite d'expliquer de manière détaillée et de façon tout à fait impressionnante au jury l'évolution inévitable de la maladie, qui se manifesterait sous la forme d'une paralysie progressive et entraînerait la dégénérescence de chaque organe, jusqu'à ce que la mort devienne une libération bienvenue. À la fin de ce récit, le juge Davis, d'un ton calme mais triomphant, demanda : "Souhaitez-vous procéder à un contre-interrogatoire ?"

Il n'y avait pas de défense possible sur le bien-fondé de la plainte, le point de litige était donc la nature même de la maladie de la patiente. Les témoins médicaux à charge de la ville étaient unanimes quant au fait que la dame n'aurait pas pu contracter une maladie de la colonne vertébrale à la suite de la légère blessure qu'elle avait subie. Ils qualifièrent sa plainte d'"hystérique", affirmant qu'elle ne souffrait certainement d'aucun organe malade et que cela était uniquement le fruit de son imagination. Cependant, l'ensemble du jury croyait fermement au témoignage du Dr Ranney et semblait impatient de rendre leur verdict après l'avoir écouté. Il devait donc être contre-interrogé. Même si l'avocat savait pertinemment que les questions évidentes relatives au témoignage seraient plus que superflues, ne pas répliquer aurait sans doute été pire que d'échouer totalement. Il était également conscient que le médecin regorgeait de ressources et c'est ainsi qu'il établit promptement sa tactique.

Le contre-interrogateur commença par orienter ses questions de manière à exposer devant le jury le fait que le témoin avait exercé en tant qu'expert médical pour de nombreux chemins de fers : le New York, New Haven et Hartford Railroad pendant trente-cinq ans, le New York Central Railroad pendant quarante ans, pour le New York and Harlem River Railroad pendant vingt ans. L'avocat poursuivit ainsi jusqu'à ce que le médecin soit contraint d'admettre qu'il était si souvent présent au tribunal en tant que témoin pour la défense de diverses compagnies ferroviaires et qu'il était tellement absorbé par ces affaires qu'il avait relativement peu de temps à consacrer à ses consultations et à sa pratique privée.

L'avocat (parfaitement calme). Pourriez-vous nous citer, Docteur, une autorité médicale qui appuie votre affirmation selon laquelle les nombreux symptômes relatifs à cette affaire indiquent une seule et unique maladie ?

Le médecin. Oh, certainement, le Dr. Ericson confirme cela.

L'avocat. Et qui est le Dr. Ericson, s'il vous plaît ?

Le médecin (avec un sourire condescendant). Eh bien, Monsieur, le Dr. Ericson était probablement l'un des chirurgiens les plus connus d'Angleterre.

(Cela déclencha un léger rire moqueur envers l'avocat dans la salle).

L'avocat. Qu'a-t-il écrit ?

Le médecin (toujours souriant). Il a écrit un livre intitulé "Ericson on the Spine", qui est l'une des références les plus renommées dans le domaine.

(Les rires étouffés dans l'audience s'intensifièrent).

L'avocat. À quand remonte la publication de ce livre ?

Le médecin. Il y a environ dix ans.

L'avocat. Comment expliquez-vous alors qu'un homme aussi occupé que vous, comme vous l'avez souligné, ait le temps de consulter les publications d'autres autorités médicales afin de vérifier s'ils confirment son diagnostic ?

Le médecin (adressant un sourire radieux à l'avocat). Eh bien, Monsieur, pour être franc avec vous, j'avais entendu parler de vos méthodes, et je me doutais que vous me poseriez une question aussi ridicule. Alors ce matin, après mon petit déjeuner et avant de venir au tribunal, j'ai pris mon exemplaire du livre d'Ericson dans ma bibliothèque et j'ai vérifié qu'il confirmait entièrement le diagnostic que j'ai établi dans cette affaire.

(Des rires francs fusèrent dans l'auditoire, auxquels le jury se joignit).

L'avocat (se pencha sous son bureau pour saisir son propre exemplaire de "Ericson on the Spine" et s'approcha directement du témoin). Pourriez-vous avoir l'amabilité de m'indiquer dans ce livre où exactement Ericson approuve votre diagnostic ?

Le médecin (embarrassé). Euh, je ne peux pas le faire maintenant ; c'est un livre très volumineux.

L'avocat (tendant toujours le livre au témoin). Mais rappelez-vous, docteur, que vous avez pris la peine de consulter votre exemplaire d'Ericson ce matin même après le petit déjeuner et avant de venir au tribunal, en anticipant une question éventuelle de ma part.

Le médecin (de plus en plus embarrassé, refusant toujours de prendre le livre). Je n'ai pas le temps de le faire maintenant.

L'avocat. Le temps ! Il ne nous manque pas, docteur.

Le médecin (sans réponse).

L'avocat et le témoin se regardèrent fixement.

L'avocat (reprenant sa place, sans lâcher le témoin du regard). Je suis sûr que la cour me permettra de suspendre mon interrogatoire jusqu'à ce que vous ayez eu le temps de retrouver le passage que vous avez lu ce matin dans ce livre, et que vous puissiez le relire à voix haute devant le jury.

Le médecin (sans réponse).

La salle d'audience plongea dans un silence de plomb durant trois longues minutes. Le témoin ne *pouvait que* garder le silence, l'avocat du plaignant *n'osait pas* intervenir, et celui de la défense ne *souhaitait* rien ajouter. Ce dernier était conscient qu'il avait réussi à déceler et à révéler le mensonge manifeste du médecin, ce qui mettait en doute tout le reste de son témoignage aux yeux du jury. À moins qu'il ne parvienne à trouver le paragraphe qu'il mentionnait, que l'avocat savait parfaitement inexistant dans l'ouvrage d'Ericson.

Après quelques minutes, le juge Barrett, qui présidait le procès, se tourna calmement vers le témoin et lui demanda s'il souhaitait répondre à la question. Devant sa réponse négative, il fut excusé de la barre des témoins, plongeant la salle d'audience dans un silence presque palpable. Lorsqu'il passa devant l'avocat, le témoin s'immobilisa et murmura à l'oreille de l'avocat : "Vous êtes l'homme le plus impertinent que j'ai jamais rencontré.".

Après dix jours d'audience, l'esprit du jury fut marqué durablement par l'effondrement du témoin principal du plaignant, et ne parvint pas à se mettre d'accord sur un verdict.

CHAPITRE V

LE CONTRE-INTERROGATOIRE D'EXPERTS

À une époque où il est impossible de tout savoir, avoir une entière connaissance dans un domaine ou une certaine connaissance sur plusieurs domaines est devenu essentiel pour réussir. Les experts sont donc de plus en plus sollicités en tant que témoins dans les affaires civiles et pénales. En ces temps où chaque spécialiste détient une connaissance particulière, leurs services sont souvent indispensables pour éclairer le jury sur des questions de fait relevant de sujets que le commun des mortels ne maîtrise pas.

Le contre-interrogatoire de ces divers experts, qu'ils soient médecins, graphologues, agents immobiliers ou autres, est désormais de toute importance. Dans ce chapitre, il est proposé d'apporter quelques suggestions et quelques exemples de méthodes qui peuvent être employées pour interroger cette catégorie de témoins, avec plus ou moins de succès.

Sur un même sujet, il est devenu courant de constater que des opinions divergentes, bien qu'honnêtes, peuvent être apportées par différents experts. De même, des opinions malhonnêtes peuvent être exprimées sur différents aspects de ce même sujet.

Il est également important de relever la distinction qui existe entre ce qui relève de faits scientifiques et ce qui relève d'une opinion. Par exemple, certains experts médicaux peuvent être appelés à établir certains *faits* médicaux, et il n'est ici pas question de connaître leur *opinion*. Sur de pareilles questions de *faits*, les experts ne peuvent être en désaccord. En revanche, lorsqu'il s'agit d'apporter une *opinion*, il est si répandu qu'elle puisse différer d'un expert à l'autre, qu'il ne leur est désormais accordé que peu de crédits.

De manière générale, il n'est pas judicieux pour le contre-interrogateur d'essayer de rivaliser avec un spécialiste dans son propre domaine d'expertise. Les longs contre-interrogatoires qui s'appuient sur l'argument d'un expert sont généralement désastreux et doivent être évités.

De nombreux avocats, par exemple, tentent d'affronter un expert en médecine ou en écriture sur leur propre terrain — la chirurgie, l'établissement d'un diagnostic correct ou les subtilités de l'écriture. Dans de rares cas, plus particulièrement avec des médecins peu instruits, cette méthode de contre-interrogatoire donne des résultats. Le plus souvent, cependant, cette méthode ne contribue qu'à offrir au médecin l'opportunité de développer de nouveau son témoignage et d'apporter davantage d'éclaircissements sur des points que le jury aurait pu mal comprendre, ou qu'il aurait pu omettre. Mon expérience m'a conduit à penser qu'il est rarement opportun de contre-interroger un médecin sur sa propre expertise, à moins que la complexité de l'affaire n'ait conduit l'avocat à mener lui-même une étude approfondie du sujet en question. Dans ces circonstances-là, les recherches de l'avocat dans ce domaine médical, qu'il devrait avoir en sa possession au tribunal, doivent être suffisamment convaincant pour exposer les arguments erronés du médecin, non seulement pour lui-même, mais également pour un jury qui pourrait mal interpréter les questions physiologiques abstraites qui divisent la profession médicale elle-même.

De plus, poser des questions prudentes et judicieuses dans l'objectif de soutirer au spécialiste des faits et des connaissances, issus de son expérience, qui renforce l'argument de l'avocat, peut mener à obtenir des résultats probants. En d'autres termes, l'art du contre-interrogatoire consiste à obtenir de l'expert des faits scientifiques favorables à la cause même de l'avocat. Cela mènera à affaiblir le poids des déclarations de l'expert qui lui sont défavorables.

Une autre suggestion importante à appliquer est celle de ne jamais poser de questions trop vastes à un expert, car celles-ci pourraient lui donner l'occasion de développer ses propres arguments. Non seulement, il pourra justifier ses réponses, mais aussi les expliquer en ses propres termes. Cela mettra alors en lumières des faits qui n'avaient pas été soulevés par l'avocat qui l'a appelé à témoigner en tant qu'expert, lors de son interrogatoire principal.

Ce type d'erreur est illustré dans le procès du Dr Buchanan, accusé d'avoir assassiné son épouse. Une seule question mal avisée posée lors du contre-interrogatoire du médecin ayant assisté Mme Buchanan sur son lit de mort, qui avait affirmé que sa mort était due à des causes naturelles, a suffi à sceller l'opinion du jury. En effet, après vingt-quatre heures de délibération, celui-ci s'est finalement rangé contre l'accusé pour rendre le verdict d'assassinat au premier degré, entraînant l'exécution de Buchanan.

Dans cette affaire, Buchanan était accusé d'avoir empoisonné son épouse — une femme considérablement plus âgée que lui, qui avait rédigé un testament en sa faveur. Il aurait utilisé de la morphine et de l'atropine, deux substances qui, combinées ensemble dans une certaine quantité, parviennent à masquer efficacement les symptômes de l'empoisonnement, qui auraient été plus évidents si l'une ou l'autre des substances avait été utilisée seule.

Au cours du procès, la position du procureur était délicate, alors qu'il cherchait à convaincre un jury que le décès de Mme Buchanan était, au-delà de tout doute raisonnable, le résultat d'une overdose des deux substances administrée par son mari. Pourtant, un médecin respecté, qui était au chevet de la défunte lors de son dernier souffle, avait attesté que sa mort était naturelle et avait même établi un certificat de décès où l'apoplexie était attribuée comme cause du décès.

Le témoignage de ce médecin était donc bénéfique pour l'accusé. Le procureur appela ainsi l'expert médical à la barre des témoins et l'interrogea sur les symptômes observés lors du traitement de Mme Buchanan juste avant sa mort. Il souligna ensuite le fait que le médecin certifiait que l'unique cause du décès était l'apoplexie, d'après le certificat qu'il avait établi. Ensuite, le médecin fut adressé aux avocats de la défense pour un contre-interrogatoire.

L'ART DU CONTRE-INTERROGATOIRE

L'un des avocats de l'accusé, qui possédait davantage de connaissances en médecine qu'en art du contre-interrogatoire, se vit confier la tâche cruciale de contre-interroger ce témoin. Ce n'est qu'après avoir tourmenté le médecin pendant près d'une heure avec des questions techniques d'ordre médical, parfois éloignées du sujet même en question, et visant davantage à mettre en avant l'érudition de l'avocat interrogateur qu'à clarifier des points essentiels pour le jury, que ce dernier en vint enfin à présenter le certificat de décès. Pointant du doigt la mention selon laquelle la mort était attribuée à l'apoplexie, il s'exclama en brandissant le document :

"Docteur, vous nous avez décrit les symptômes de cette dame, et vous nous avez communiqué ce que vous pensez être la cause de son décès. Je vous demande donc maintenant : y a-t-il eu des éléments, depuis le décès de Mme Buchanan, qui pourraient vous amener à reconsidérer votre opinion telle qu'elle est exprimée dans ce document ?"

Le médecin s'adossa à son siège et répéta calmement la question qui lui avait été posée : "Y a-t-il eu des éléments, depuis le décès de Mme Buchanan, qui pourraient m'amener à reconsidérer mon opinion telle qu'elle est exprimée dans ce document ?" Le témoin se tourna vers le juge et lui demanda si, en répondant à une telle question, il était autorisé à évoquer des éléments dont il avait pris connaissance depuis la rédaction du certificat. Le juge répondit : "La question est vaste. L'avocat vous demande simplement s'il y' aurait une *quelconque raison* susceptible de vous faire changer votre opinion initiale."

Le témoin se pencha en direction du sténographe et lui demanda de lui relire la question. Le sténographe obtempéra. L'attention de l'ensemble de la salle était alors dirigée vers le témoin, dans l'attente de sa réponse. Le jury comprit qu'il s'agissait là du tournant de l'affaire.

Le médecin, après avoir entendu la question une seconde fois, fit une courte pause, avant de se redresser sur sa chaise et de se tourner vers le contre-interrogateur. Il lui dit : "Je souhaiterais *vous* poser une question : est-ce que le rapport du chimiste, qui indique qu'il a découvert de l'atropine et de la morphine dans l'estomac de cette femme, a été présenté comme élément de preuve jusqu'alors ?" On lui répondit que non.

"Encore une question", ajouta le médecin, "le rapport du pathologiste a-t-il été présenté comme élément de preuve *jusqu'alors* ?" On lui répondit que non.

"Alors", dit le médecin en se redressant sur son siège, "je peux répondre à votre question en toute sincérité, *tant que* le rapport du pathologiste et que le rapport du chimiste n'ont pas été communiqués, je n'ai connaissance d'aucune preuve légale qui m'inciterait à changer l'opinion exprimée dans mon certificat de décès."

Ses réponses eurent un impact significatif, qui ne pourrait être exagéré, sur la cour et le jury. Tout avantage que l'accusé aurait pu tirer du certificat de décès initial avait été complètement balayé.

Après cet événement, le procès continua pendant encore deux semaines. Lorsque le jury se retira pour délibérer à la fin du procès, il se trouva dans une impasse, incapable de parvenir à un verdict. Durant vingt-quatre heures, les membres du jury débattirent sans parvenir à un consensus. À la fin de cette période, le jury revint dans la salle d'audience et demanda que le témoignage du médecin leur fût relu par le sténographe. En relisant ses notes, ce dernier restitua toute la scène qui s'était déroulée deux semaines plus tôt. Le jury se retira alors une seconde fois et, cette fois, rendit immédiatement un verdict de culpabilité.

Le contre-interrogatoire des témoins médicaux dans l'affaire Buchanan fut largement salué à l'époque par la presse, qui l'intitulait la "Merveille médico-légale". Un journal quotidien, en particulier, consacra toute la première page de sa publication du dimanche à son portrait.

La manière dont les témoins experts ont été discrédités par les jurys par le passé devrait servir de leçon pour l'avenir. Il est parfois possible de réduire à néant de façon efficace l'impact du témoignage d'un expert, en le soumettant à un test spontané et inattendu lors du procès. Son expérience, ses compétences et son discernement en tant qu'expert sont alors mis à l'épreuve. S'il échoue à ce test, cela peut le rendre ridicule aux yeux du jury, et les rires moqueurs que cela provoque peuvent faire oublier au jury tout ce qu'il a pu dire d'important en votre défaveur auparavant.

J'ai toujours considéré qu'il s'agissait de la méthode la plus efficace de contre-interroger cette catégorie de témoins médicaux professionnels que l'on rencontre si fréquemment dans nos tribunaux aujourd'hui. Un exemple frappant de l'efficacité de ce type de contre-interrogatoire m'a été révélé lors d'un procès en dommages-intérêts contre la ville de New York, jugé par la Cour suprême en 1887.

Un médecin éminent, président de l'un de nos principaux clubs à l'époque et aujourd'hui décédé, avait conseillé à sa gouvernante, qui avait travaillé pour lui pendant trente ans, d'intenter un procès contre la ville pour obtenir 40 000 dollars de dommages-intérêts. Elle s'était alors cassé la cheville en marchant dans un trou non recouvert sur le trottoir. Le bien-fondé de la plainte n'a guère été contesté : le trou dans la rue *existait* bel et bien et la plaignante *avait* bien marché dedans. Son droit à obtenir des dommages-intérêts aussi importants a été en revanche vigoureusement contesté.

Son témoin principal, de fait son unique témoin, était son employeur, le médecin réputé. Celui-ci témoigna des souffrances de la plaignante, décrivit la fracture de sa cheville et expliqua comment il avait lui-même remis les os brisés et soigné sa patiente. Il affirma toutefois que tous ses efforts avaient été vains, puisqu'il n'avait pu obtenir qu'un replacement imparfait des os, et que sa gouvernante, une dame tout à fait respectable et estimable, resterait boiteuse à vie. Son comportement à la barre des témoins démontrait une dignité et une franchise infinies, ce qui impressionna évidemment le jury. La réparation de 15 000 dollars était assurée au verdict, à moins que l'emprise du témoin sur le jury ne puisse être rompu lors de son contre-interrogatoire. L'avocat ne voyait aucune raison valable pour laquelle la cheville de la plaignante n'aurait pas guéri rapidement, comme c'est habituellement le cas pour ce type de fractures. La question était de savoir comment faire en sorte que le jury *réalise* cela également. L'existence d'une relation personnelle entre le témoin médical et la plaignante constituait un autre embarras.

Le contre-interrogatoire commença en exposant le fait que le témoin, bien que diplômé de Harvard, n'avait pas directement intégré une école de médecine. En effet, il fut relaté qu'il avait commencé une activité à Wall Street, avant d'être directeur de plusieurs entreprises commerciales et qu'il n'avait donc entamé ses études de médecine qu'à l'âge de quarante ans. Le contre-interrogatoire se poursuivit ensuite de la manière la plus aimable possible, chaque question étant posée sur un ton presque contrit.

L'avocat. Nous sommes tous conscients, docteur, de votre pratique importante et lucrative en tant que médecin généraliste. Cependant, n'est-il pas vrai que dans cette grande ville, où les accidents sont si fréquents, que les cas nécessitant une intervention chirurgicale sont généralement transférés aux hôpitaux et pris en charge par des chirurgiens expérimentés ?

Le médecin. Oui, monsieur, c'est exact.

L'avocat. Vous ne vous considérez tout de même pas comme un chirurgien expérimenté ?

Le médecin. Oh, non, monsieur. Je suis expérimenté dans la médecine généraliste.

L'avocat. Quel est le terme chirurgical désignant la fracture dont souffrait cette dame ?

Le médecin. Il s'agit d'une "fracture de Pott de la cheville".

L'avocat. C'est une forme de fracture bien connue dans le domaine médical, n'est-ce pas ?

Le médecin. En effet.

L'avocat (tentant sa chance). Pourriez-vous indiquer au jury quand avez-vous traité pour la dernière fois une fracture similaire dans votre cabinet, juste avant celle-ci ?

Le médecin (esquivant la question). Je ne suis pas autorisé à divulguer des détails concernant mes patients.

L'avocat (insistant). Je ne vous demande pas de révéler les noms de vos patients, docteur, ni leurs détails confidentiels, loin de là. Je vous demande simplement la date de votre dernière consultation similaire, et vous devez me la communiquer sous serment.

Le médecin. Je ne peux pas vous donner de date, monsieur.

L'avocat (persévérant). Était-ce dans l'année précédant celle-ci ?

Le médecin (hésitant). Je ne préfère pas répondre à cette question, monsieur.

L'avocat (d'autant plus insistant). Je regrette de devoir insister, monsieur, mais je vous demande de répondre de manière affirmative ou négative : avez-vous eu un cas similaire de "fracture de la cheville de Pott" l'année précédant celle-ci ?

Le médecin. Eh bien, non, je ne me souviens pas d'un tel cas.

L'avocat. Avez-vous eu ce cas il y a deux ans ?

Le médecin. Je ne sais pas.

L'avocat (pressant la réponse). Et dans les cinq années précédant le cas du plaignant ?

Le médecin. Je ne suis pas en mesure de répondre à cela.

L'avocat (conscient du risque de pousser l'interrogatoire trop loin, mais tentant un dernier coup). Pouvez-vous jurer avoir traité au moins *une fois* un cas de "fracture de Potts" dans votre cabinet, avant le présent cas ? Je vous préviens, si vous répondez par l'affirmative, je vous demanderai des détails précis tels que la date, l'heure, le lieu et les circonstances.

Le médecin (très embarrassé). Votre question me met dans l'embarras. J'aurais besoin de davantage de temps pour tenter de me souvenir.

L'avocat. Je vous demande simplement de faire appel à vos souvenirs, et de répondre en tant qu'homme honnête sous serment.

Le médecin. Si vous le présentez ainsi, je dois admettre que je ne me souviens d'aucun cas antérieur à celui-ci, sauf peut-être pendant mes années d'études dans les hôpitaux.

L'avocat. Mais ne conviendrez-vous pas que beaucoup de pratique et d'expérience sont nécessaires pour réussir à soigner une fracture aussi sévère que celle de la cheville ?

Le médecin. En effet.

L'avocat. Alors, docteur, pourriez-vous admettre que les "fractures de Pott" sont soignées quotidiennement dans nos hôpitaux par des hommes expérimentés, et que la cheville est généralement rétablie en quelques mois ?

Le médecin. C'est possible, mais cela dépend beaucoup de l'âge du patient et, dans certains cas, rien ne semble pouvoir remettre les os.

L'avocat (se penchant sous la table pour saisir deux os inférieurs de la jambe attachés, avant de s'approcher du témoin). Voulez-vous bien prendre ces os, docteur, et dire au jury s'ils formaient la jambe d'une femme ou la jambe d'un homme ?

Le médecin. C'est difficile à dire, monsieur.

L'avocat « Quoi, vous ne pouvez pas distinguer le squelette d'une jambe de femme de celui d'un homme, docteur ? »

Le médecin. Oh si, je dirais que c'est une jambe de femme.

L'avocat (souriant et l'air satisfait). Donc selon vous, docteur, il s'agit d'une jambe de femme ?

[Il s'agissait bien d'une jambe de femme.]

Le médecin (dévisageant l'avocat et pensant avoir fait une erreur). Oh, je vous demande pardon, c'est en fait une jambe d'homme, bien sûr. Je ne l'avais pas examinée correctement.

L'ART DU CONTRE-INTERROGATOIRE

À ce moment-là, les jurys s'étaient tous redressés sur leur siège et s'amusaient grandement de l'embarras de plus en plus grandissant du médecin.

L'avocat (toujours souriant). Pourriez-vous, s'il vous plaît, dire au jury s'il s'agit de la jambe droite ou de la jambe gauche ?

Le médecin (sans conviction) [Sachant que la distinction entre la jambe droite et la gauche est très difficile pour les inexpérimentés.] Il s'agit de la jambe *droite*.

L'avocat (prenant un air étonné). Qu'avez-vous dit, docteur ?

Le médecin (très désarçonné). Veuillez m'excuser, il s'agit de la jambe gauche.

L'avocat. N'aviez-vous pas raison la première fois, docteur ? N'est-ce pas en fait la jambe *droite* ?

Le médecin. Je ne pense pas ; non, c'est la jambe *gauche*.

L'avocat (se penchant de nouveau sous sa table pour en sortir des os du pied attachés ensemble et en les tendant au médecin). Veuillez placer le squelette du pied dans les os de la cheville que vous avez déjà dans votre main, et dites-moi ensuite s'il s'agit de la jambe droite ou de la jambe gauche.

Le médecin (confiant). Oui, il s'agit bien de la gauche, comme je l'ai dit.

L'avocat (hilare). Mais enfin, docteur, ne voyez-vous pas que vous avez inséré le pied dans le *genou* ? Est-ce ainsi que vous travaillez ?

Le médecin, sous les éclats de rires du jury, auxquels s'étaient joints l'ensemble de la salle, et rougissant jusqu'aux oreilles, s'empressa de réajuster les os. L'avocat attendit que les rires se calment, puis déclara tranquillement : "Je pense que je ne vais pas vous déranger davantage, docteur."

Cet incident n'est en rien exagéré ; au contraire, son impact même est difficile à restituer fidèlement à l'écrit. Les avocats des deux parties avaient ensuite conclu le procès, et la défense n'avait fait aucune allusion à l'incident que nous venons de mentionner. Le jury rendit un verdict de 240 dollars en faveur du plaignant. Le lendemain, le médecin écrivit une lettre de quatre pages pour remercier le jury de ne pas avoir souligné, dans ses délibérations finales, les conséquences de son "trac".

Il était devenu si probable que des jurys, originaires de certains pays, puissent perdre de vue les faits d'une affaire en raison de leur attrait pour le divertissement, que cela a parfois incité les contre-interrogateur à formuler leurs questions de manière à divertir le jury, négligeant ainsi le témoignage préjudiciable d'un témoin médical sérieux et érudit de la partie adverse.

Un procès intenté contre les administrateurs du pont de New York et de Brooklyn illustre parfaitement cette pratique. La plaignante, alors qu'elle descendait d'une voiture sur le pont, avait chuté dans un trou étroit entre le véhicule et le trottoir. Elle déclara avoir subi des blessures aux côtes, aux poumons et à la poitrine, et qu'elle avait également souffert de complications telles qu'une pleurésie et une névralgie intercostale. Un spécialiste en lésions nerveuses fut appelé par la défense à témoigner. Après l'avoir examinée attentivement avec un stéthoscope et avoir procédé à un examen approfondi de sa poitrine à la recherche de symptômes caractéristiques de la pleurésie, celui-ci déclara que la plaignante ne présentait aucun signe de blessure, car il n'avait repéré aucune trace de lésion au niveau des nerfs pleuraux.

L'avocat de la plaignante, Mirabeau L. Towns de Brooklyn, évalua efficacement l'état d'esprit du jury chargé de décider du sort de l'affaire et entreprit de contre-interroger le médecin avec une touche d'originalité, en utilisant des *rimes*. Le savant médecin était si concentré dans son rôle de témoin de la défense, qu'il ne se rendit compte de cette manœuvre qu'au moment où les rires du jury lui indiquèrent clairement qu'il devenait la risée de la salle.

Mr Towns se leva et l'interrogea ainsi :

"Très bien, docteur, veuillez m'écouter. Vous dîtes qu'en échange d'un modeste *paiement*, vous avez examiné la plaignante *attentivement* ?"

"Je me suis efforcé de faire mon travail, monsieur."

"Mais n'avez-vous pas vu ce que vous vouliez voir *seulement* ?"

"Que voulez-vous dire, monsieur ?"

"Vous avez examiné sa poitrine en y posant votre tête pour *écouter* ?"

"Oui, c'est exact."

"N'était-ce pas une drôle de manière de *consulter* ?"

"Eh bien, c'est une procédure courante pour détecter d'éventuelles anomalies pulmonaires."

"Vous voulez dire, docteur, qu'avec vos connaissances médicales, et vos oreilles attentives, vous pourriez entendre de la plèvre les *lamentations* aussi clairement que d'un coup de feu vous entendriez la *détonation* ?"

"Je veux simplement dire qu'il m'aurait été impossible de ne pas détecter une lacération de la plèvre lors de cet examen."

"Vous avez procédé *soigneusement* ?"

"Oui, c'est exact."

"Pour mériter votre *paiement* ?"

"Certes, j'ai été rémunéré pour cet examen, mais ce n'est pas le sujet. Vous devez comprendre que j'ai procédé avec une grande rigueur."

"Pourriez-vous attester sous serment n'avoir rien vu de plus que ce que vous souhaitiez voir ?"

"Je n'ai observé aucune anomalie."

"Et selon votre Serment d'*Hippocrate*, vous affirmez que chacune de ses côtes était aussi solide que la détermination d'un *bureaucrate* ?"

(Des éclats de rire fusèrent dans la salle et le juge utilisa son marteau pour rétablir l'ordre. Le médecin se tourna vers la cour en quête de soutien, mais Me. Towns continuait).

"Vous dîtes que la plaignante simulait ses blessures."

"En effet."

"Alors pour sa décision malheureuse de vous consulter, vous, votre expertise et votre *stéthoscope*, de la méfiance de votre part est tout ce dont elle *écope* ?"

"Je suis venu ici pour témoigner en toute sincérité, et je maintiens qu'il serait extrêmement difficile pour une jeune femme de ce genre de me duper."

(De nouveaux rires éclatèrent, et le marteau du juge frappa plus fermement. L'avocat fut réprimandé, mais il persista tout de même.)

"Même si elle criait d'agonie sous vos *yeux*, vous emporteriez votre conviction jusqu'aux *cieux* ?"

Pas de réponse.

"Bien qu'elle ait fait une chute *fulgurante*, vous affirmez que la plaignante n'est guère *souffrante*. De fait, même si elle était tombée du Mont *Rainier,* toute douleur de sa part vous auriez *nié*. Tous ses os auraient pu être brisés par une chute si *malheureuse*, mais selon vous il n'y aurait aucune lésion *nerveuse*."

Le médecin. "Votre honneur, je refuse d'être ridiculisé par cet avocat, et je conteste ses questions injustes."

Avant que la cour ne puisse intervenir, Me. Towns poursuivit :

"Deviendrez-vous la risée de tout un *hôpital*, si vous admettiez que la plaignante souffre d'une névralgie *intercostale* ?"

Le médecin. "Votre Honneur, je refuse de répondre."

Le juge intervint alors et avertit l'avocat qu'il avait poussé son interrogatoire trop loin.

La bonne appréciation de Me. Towns concernant l'attrait du jury pour l'absurde mena à un verdict très favorable pour son client. Les jurés signèrent même chacun une demande pour obtenir une copie du contre-interrogatoire du médecin de la défense par l'avocat.

Bien qu'il se distingue du contre-interrogatoire long et indéniablement scientifique auquel sont soumis les graphologues, dont la profession devient de plus en plus connue depuis les nombreux procès récents dans cette ville, l'exemple qui va suivre illustre parfaitement les suggestions formulées quant au contre-interrogatoire des experts. Ce récit pourrait sembler improbable dans un roman d'amour, pourtant chaque détail est authentique.

Ellision était accusé de coups et blessures sur William Henriques, alors que ce dernier avait brusquement mis un terme à ses avances envers sa fille, Mme Lila Noeme, en lui interdisant l'accès à sa maison. Durant le procès, des doutes avaient été soulevés quant à l'authenticité de certaines lettres prétendument écrites par Mme Noeme à M. Ellison. La dame elle-même avait catégoriquement nié avoir un jour rédigé ces documents compromettants. L'avocat d'Ellison, feu Charles Brooke, avait évidemment centré tout son contre-interrogatoire de Mme Noeme sur ces lettres, et avait fait l'effort de les présenter comme preuves en appelant le professeur Ames, un expert bien connu en écriture. Celui-ci déclara qu'il avait examiné de près la lettre en question, en la comparant à un échantillon authentique de l'écriture de la dame, et qu'il était parvenu à la conclusion qu'elles avaient toutes été écrites de la même main. M. Brooke s'apprêtait ensuite à présenter les lettres comme preuves et à les lire au jury lorsque l'assistant du procureur lui demanda l'autorisation de poser quelques questions.

Le procureur. Si je comprends bien, M. Ames, vous n'avez reçu qu'un seul échantillon de l'écriture authentique de cette dame, et c'est sur cette seule pièce que s'appuie votre opinion, est-ce correct ?

Le témoin. Oui, monsieur, je n'ai eu qu'une seule lettre, mais celle-ci était assez longue et m'a permis de faire plusieurs comparaisons.

Le procureur. Ne seriez-vous pas davantage aidé si vous disposiez de plusieurs lettres de la même personne pour les comparer ?

Le témoin. Oh, certainement, plus j'ai des échantillons d'une écriture authentique, plus ma conclusion sera solide.

Le procureur (prenant une lettre dans une pile et la pliant pour en dissimuler la signature avant de la remettre au témoin). Pourriez-vous prendre celle-ci et la comparer aux autres, puis nous dire s'il s'agit de la même écriture ?

Le témoin (examinant attentivement la feuille pendant quelques instants). Oui, monsieur, je dirais que c'est la même écriture.

Le procureur. N'est-il pas vrai, monsieur, qu'une même personne peut écrire de manières différentes selon les circonstances et selon les instruments d'écriture utilisés ?

Le témoin. Oui, en effet, l'écriture peut varier d'une certaine manière.

Procureur (remettant une deuxième lettre repliée au témoin). Pourriez-vous prendre également cette lettre et la comparer avec les autres ?

Le témoin (examinant la lettre). Oui, monsieur, il s'agit de la même écriture.

Le procureur. Vous pouvez affirmer que, selon votre opinion, ces lettres ont été écrites par la même personne ?

Le témoin. Certainement, monsieur.

Procureur (remettant une troisième lettre repliée au témoin). Je vous prierais de prendre ce dernier échantillon — je ne souhaiterais pas vous épuiser — et de nous dire si cette dernière lettre est également de l'écriture de la dame.

Le témoin (semblant l'examiner attentivement, quittant sa chaise de témoin et s'approchant de la fenêtre pour poursuivre son inspection). Oui, monsieur, mais vous comprenez que je ne l'atteste pas en m'appuyant sur un fait, mais seulement sur une opinion.

Le procureur (compréhensif). Bien sûr que je comprends ; mais votre opinion en tant qu'expert est-elle que ces trois lettres sont toutes de la même écriture ?

Le témoin. Je dirais que oui, d'après mon opinion.

Le procureur. Alors, monsieur, pourriez-vous, je vous prie, déplier le bord de la première lettre que je vous ai remise, et lire à voix haute au jury la signature ?

Le témoin (dépliant la lettre et lisant triomphalement). Lila Noeme.

Le procureur. Veuillez déplier la deuxième lettre et lire la signature.

Le témoin (lisant). *William Henriques.*

Le procureur. La troisième désormais, je vous prie.

Le témoin (hésitant, avant de lire avec grand embarras). *Frank Ellison !*[10]

Les lettres prétendument compromettantes ne furent jamais lues devant le jury.

CHAPITRE VI

L'ORDRE DU CONTRE-INTERROGATOIRE

Mener le contre-interrogatoire d'un témoin douteux avec succès dépend largement de l'ordre dans lequel vous procéder. Avant de poser les questions les plus déterminantes, il est primordial de préparer le terrain en les introduisant de manière efficace. De cette manière, lorsque le témoin sera confronté aux faits, il ne pourra ni les nier ni les expliquer. Souvent, les preuves les plus accablantes, sous forme de lettres ou d'affidavits, perdent tout leur poids simplement en raison de la manière inhabile dont elles sont présentées. Si vous avez en votre possession une lettre rédigée par le témoin, dans laquelle il exprime une opinion contradictoire à celle qu'il a affirmée sous serment, évitez de reproduire l'erreur courante consistant à lui montrer la lettre pour qu'il l'identifie, puis de la lui lire en lui demandant : "Qu'avez-vous à dire à ce sujet ?" Pendant la lecture de la lettre, le témoin pourrait réfléchir aux explications qu'il pourrait fournir, en prévision de la question suivante, ce qui atténuerait l'impact de la lettre compromettante.

La méthode appropriée afin d'exploiter avantageusement une telle lettre consiste à subtilement amener le témoin à répéter les déclarations qu'il a faites lors de son témoignage principal et que sa lettre contredit. "J'ai noté que vous avez dit telle et telle chose ; pourriez-vous les répéter, je vous prie ? Je m'apprête à lire mes notes au jury et je souhaite restituer correctement vos propos." Le témoin répètera sa déclaration. Vous pouvez alors l'écrire et la lui lire. "Est-ce exact ? Y a-t-il quelque chose sur lequel vous souhaiteriez revenir ? Car si vous avez des explications complémentaires ou des clarifications à apporter, je pense qu'il est juste et raisonnable de le faire avant que je ne change de sujet." Le témoin n'en a pas. Il a exposé les faits et ne souhaite pas revenir sur sa déclaration, et le jury apprécie son inflexibilité. Changez alors complètement de comportement à son égard et présentez-lui la lettre.

"Reconnaissez-vous votre propre écriture, monsieur ? Permettez-moi de vous lire un extrait de votre lettre, dans laquelle vous affirmez cela — et ensuite cela. Alors, qu'avez-vous à répondre à cela ?" Vous marquerez votre coup d'une manière telle que le jury ne l'oubliera pas facilement. Il est généralement opportun, une fois chose faite, de passer à autre chose afin d'éviter que le témoin ne se dérobe. Mais lorsque vous avez un témoin qui a juré sous serment et qui contredit oralement une déclaration qu'il a déjà faite, en l'écrivant de sa propre main, alors qu'il n'était pas sous serment, vous le tenez fermement en joue et il n'y a aucun risque qu'il s'échappe ; c'est le moment de faire valoir votre avantage. Mettez-le face à ses propres, contradictions, de toutes les manières possibles :

"Quelle est la vérité ?", "Aviez-vous oublié cette lettre lors de votre témoignage d'aujourd'hui ?", "En avez-vous parlé à votre avocat ?", "Aviez-vous l'intention de le duper ?", " Quel était votre objectif en induisant ainsi le jury en erreur ?". [11]

"Certains hommes", rapporte un avocat londonien qui a souvent vu Sir Charles Russell à l'œuvre, "enfonçaient un peu le clou et laissaient les choses ainsi, jusqu'à ce que le juge ou quelqu'un d'autre ne parvienne à retirer ce clou. Mais lorsque Russell enfonçait le clou, il ne s'arrêtait jamais jusqu'à ce qu'il l'enfonce. Personne n'a jamais retiré *ce clou*."

Il est parfois recommandé d'asséner un coup marquant au témoin dès les premières questions ; dans le cas bien sûr où vous disposiez de tous les éléments nécessaires pour le faire. Présenter votre meilleur argument dès le début présente deux avantages. Premièrement, les jurés ont entendu le témoignage principal du témoin et se sont forgé leur propre opinion ; lorsque vous prenez la parole pour le contre-interrogatoire, ils sont donc impatients de connaître vos premières questions. Si vous marquez votre coup dès la première phase, votre argument aura beaucoup plus d'impact sur le jury que si vous le faites plus tard, lorsque son attention commence à faiblir et qu'il peut considérer l'impact de votre argument comme un coup de chance. Le deuxième avantage, et peut-être le plus important, de faire votre effet sur le témoin avec vos premières questions, est que celui-ci va ressentir une certaine appréhension envers vous et sera donc moins hostile dans ses réponses ultérieures, ne sachant pas quand vous allez lui tendre une autre embûche et lui infliger une nouvelle chute. Cela vous permettra souvent d'obtenir de lui des réponses sincères sur les sujets sur lesquels vous ne pouvez pas encore le contredire.

J'ai pu voir le plus déterminé des témoins perdre complètement ses moyens après seulement deux ou trois questions bien placées en début de contre-interrogatoire. Il est devenu aussi docile entre les mains de l'avocat adverse que s'il était *son* témoin. C'est là le moment opportun pour emmener de nouveau le témoin vers la version initiale de sa déclaration, lui offrant ainsi l'occasion de la modifier ou de la nuancer, voire de la transformer de manière qu'elle se range à votre propre version de l'affaire. Cette capacité à maîtriser un témoin hostile et à le contraindre à dire la vérité contre son gré représente l'un des triomphes de l'art du contre-interrogatoire. Dans un discours devant le jury, Choate a un jour parlé d'un pareil témoin en disant : "Je le dépeint comme un vagabond et un scélérat ; ils l'ont amené pour nous maudire, et voici qu'il nous bénit tous."

Certains témoins, confrontés à ce type d'interrogatoire, perdent totalement leur sang-froid. Si le contre-interrogateur conserve quant à lui le sien et pose ses questions suffisamment vite, il est sûr d'entraîner le témoin dans un enchaînement de contradictions tel qu'il sera complètement discrédité auprès de tout jury impartial. Dans la colère, un témoin s'égare et ne pense plus à dissimuler la vérité. Son émotion affaiblit son pouvoir de tromperie. Dans de telles situations, d'autres témoins manifestent leur humeur en se renfermant ; il commence par donner des réponses évasives avant de finir par tout à fait refuser de répondre. Pour ceux-ci, il serait sans doute plus judicieux d'admettre leur mensonge dès le départ, car l'impact qu'ils laissent au jury en dépend.

L'ART DU CONTRE-INTERROGATOIRE

Cependant, lorsque vous ne disposez pas des éléments nécessaires pour intimider le témoin et le pousser à rectifier son témoignage mensonger, mais que vous avez tout de même décidé de procéder à un contre-interrogatoire, il est crucial de ne pas perdre de temps à poser des questions qui lui permettraient simplement de répéter son témoignage initial dans le même ordre. Vous ne pouvez rien obtenir d'avantageux de lui, à moins de perturber l'ordre avec lequel il a présenté son témoignage. Ciblez les points les plus faibles de son témoignage et autres éléments secondaires auxquels il est moins préparé. Évitez de poser vos questions dans un ordre logique, afin de ne pas lui donner l'occasion d'adapter son récit au fur et à mesure. Éloignez-le de son témoignage principal et contraignez-le à fournir des réponses précises sur d'autres éléments mineurs, qui y sont indirectement liés. Lorsque le témoin commence à improviser ses réponses, accélérez le rythme de vos questions, passant rapidement d'une série de questions mineures à une question cruciale, et ce, en concevant le même ton. S'il ne dit pas la vérité et qu'il s'appuie sur ses souvenirs et ses idées préconçues plutôt que sur son imagination, il sera incapable d'inventer des réponses aussi rapidement que vous ne pouvez formuler vos questions. De plus, il sera incapable d'évaluer correctement l'impact de sa réponse actuelle sur celles qui l'ont précédée. En maîtrisant cette méthode d'interrogation, vous serez en mesure de conduire le témoin dans un dédale d'auto-contradictions dont il ne pourra s'échapper.

Il arrive que certains témoins, sans vouloir nécessairement commettre un parjure, soient déterminés à ne pas révéler *toute* la vérité, souvent pour protéger leurs propres intérêts ou en raison de leur relation avec la partie pour laquelle ils témoignent. Si l'est porté à votre attention qu'un tel témoin (souvent une femme) détient l'information que vous recherchez et est en mesure de vous la communiquer si elle y consent, il est de votre devoir de l'obtenir, même si cela demande patience et ingéniosité. La confronter immédiatement avec une question direct risque de conduire à une réponse évasive telle que "je ne me souviens pas", ou alors la témoin prétendrait qu'elle est disposée à répondre, mais incapable de le faire. Il est donc préférable d'aborder le sujet en plusieurs étapes. Commencez par aborder des éléments de l'affaire qui ont peu de lien avec l'information cruciale que vous visez. Elle les abordera peut-être sans se rendre compte, à ce moment-là, où ils la mènent. En procédant ainsi, vous pouvez l'amener petit à petit à se rapprocher du cœur du sujet, jusqu'à ce qu'elle se trouve confrontée à un dilemme : soit elle révèle ce qu'elle avait alors l'intention de cacher, soit elle commet ouvertement un parjure. Lorsqu'elle quitte la chaise des témoins, on peut presque l'entendre murmurer à ses amis : "Je n'avais guère l'intention de me confier, mais cet homme m'a tellement mise sous pression que je n'avais pas d'autre choix que de parler ou alors d'admettre que je mentais."

Dans tous vos contre-interrogatoires, il est impératif de garder le contrôle du témoin en limitant ses réponses aux questions précises que vous lui posez. Il cherchera à esquiver les questions directes ou, lorsqu'il se verra forcé d'y répondre, tentera d'apporter des explications pour amoindrir l'impact de sa réponse qui vous est favorable. Enfin, la clé du succès réside dans la capacité à rester vigilant et reconnaître le bon *moment pour s'arrêter*. Rien n'est plus important que de conclure votre contre-interrogatoire sur une note triomphante. Trop souvent, les avocats réussissent à mettre en évidence une contradiction flagrante chez le témoin, mais ils persistent ensuite à poser des questions supplémentaires, perdant ainsi l'impact initialement effectué sur le jury. L'une des règles fondamentales du contre-interrogatoire est de "s'arrêter sur une victoire". Si vous avez exposé une tentative de mensonge de la part du témoin, vous avez déjà largement contribué à discréditer sa crédibilité aux yeux du jury. Les jurés ont tendance à évaluer un témoin dans son ensemble — soit, ils le croient, soit ils ne le croient pas. S'ils doutent de sa sincérité, ils seront réticents à prendre en compte son témoignage, même s'il contient des éléments de vérité. Le fait le plus marquant dans leur esprit sera souvent la tentative de tromperie du témoin ou sa sortie de la barre des témoins après un mensonge flagrant ou encore une démonstration d'ignorance de sa part telle qu'elle aura entraîné les rires de la salle. En conséquence, son témoignage sera souvent discrédité et écarté lors de la délibération finale.

Erskine a un jour consacré une journée entière à tenter de démontrer au jury le déséquilibre mental d'un témoin. Finalement, un médecin qui l'assistait lui suggéra de poser au témoin la question de savoir s'il se prenait pour Jésus-Christ. Avec prudence et humilité, Erskine formula cette question, s'excusant même pour son caractère potentiellement offensant. Dans le silence attentif de la salle, le témoin, pris au dépourvu, répondit avec solennité : "Je suis le Christ". Cela mis rapidement un terme à l'affaire. [12]

CHAPITRE VII

LE CONTRE-INTERROGATOIRE MUET

Rien n'est plus absurde, et rien n'est autant une perte de temps, que de contre-interroger un témoin n'ayant présenté aucun fait matériel contre votre partie. Pourtant, curieusement, les tribunaux regorgent de jeunes avocats — et malheureusement, pas seulement les nocives — qui semblent penser qu'il est de leur devoir d'interroger chaque témoin ayant prêté serment. S'ils ne s'acquittent pas de cette besogne, ils semblent craindre que leurs clients ou le jury ne les considèrent comme ignorants ou comme inaptes à mener un procès. Ces interrogatoires injustifiés peuvent parfois conduire à l'élaboration de nouvelles théories pour la partie adverse, transformant ainsi un témoin qui aurait pu rester inoffensif simplement en gardant le silence en un obstacle redoutable dans l'affaire.

La variété infinie des types de témoins que l'on rencontre au tribunal rend impossible l'établissement de règles fixes applicables à tous les cas. Il est rare de rencontrer un témoin qui ressemble en tous points à celui que l'on a déjà interrogé ; c'est là toute la fascination de cet art. La méthode utilisée dans chaque cas dépend de l'importance que vous accordez au témoignage concerné, même si celui-ci est mensonger. De nombreux témoins de votre propre partie peuvent possiblement contredire un témoignage, les risques encourus à élaborer ce contre-interrogatoire ne sont donc pas justifiés. Dans ce cas, la meilleure solution est de demeurer assis et de s'abstenir de poser des questions. L'âge et le sexe du témoin jouent également un rôle important, comme il est souvent observé. En réalité, est considéré comme un grand avocat plaidant celui qui, tout en maîtrisant parfaitement les règles établies de son art, sait reconnaître le moment où celles-ci doivent être transgressées. Si le témoin est une femme et qu'à la fin de son interrogatoire principal, il semble que son profil convienne parfaitement pour un contre-interrogatoire, la méthode du contre-interrogatoire muet pourrait être utilisé, ce qui impressionne généralement le jury. Levez-vous soudainement, comme si vous envisagiez de procéder à un contre-interrogatoire. Le témoin se tournera alors vers vous avec une expression déterminée, se préparant à vous contrer avec sa première réponse. C'est à ce moment-là que vous devez prétendre brièvement hésiter. Fixez-la un instant avec bienveillance, comme si vous doutiez de l'utilité de l'interroger, puis rasseyez-vous. Cette performance peut être exécutée de manière à suggérer la position suivante au jury : "À quoi bon ? Ce n'est qu'une femme."

John Philpot Curran, réputé comme étant l'avocat le plus populaire de son époque et le deuxième avocat plaidant devant jury après Erskine, a un jour adopté cette stratégie du contre-interrogatoire muet, mais a commis l'erreur d'exprimer ses pensées à haute voix avant de se rasseoir. "Il est inutile de vous poser des questions, car je vois le scélérat sur votre visage." Et le témoin de répondre en souriant : "Vraiment, monsieur ? Je ne savais pas que mon visage était un miroir."

L'objectif principal du contre-interrogatoire étant de miner la crédibilité du témoignage adverse, il est crucial de se rappeler qu'une tentative infructueuse ne fait que renforcer celui-ci aux yeux du jury. Il est donc souvent préférable de ne rien dire, car le silence produit parfois des résultats bien meilleurs que des heures d'interrogatoire. Seule l'expérience peut nous enseigner la meilleure méthode à adopter.

Un exemple amusant illustrant cela s'est déroulé lors du procès d'Alphonse Stephani, accusé de l'assassinat de Clinton G. Reynolds, un éminent avocat de New York qui s'était chargé de la succession de son père. La défense plaidait l'aliénation mentale. Toutefois, bien que Stephani présentait des signes évidents d'un grave trouble cérébral, il ne répondait pas aux critères de l'aliénation mentale tels qu'ils sont définis dans un tribunal. Il a finalement été reconnu coupable d'assassinat au second degré et condamné à la réclusion à perpétuité.

Stephani a été défendu par feu William F. Howe, Esq., qui était certainement l'un des avocats ayant connu le plus de succès dans les affaires criminelles à son époque. Howe n'était peut-être pas le meilleur avocat, mais il avait une manière particulière de procéder avec les témoins de ce type d'affaires, montrant une habileté qui n'avait rien à envier à celle des plus grands.

Le Dr Allan McLane Hamilton, un éminent psychiatre, avait minutieusement étudié le cas de Stephani. Il lui rendit visite pendant des semaines à la prison de Tombs, se préparant ainsi à présenter un rapport exhaustif sur son état mental. Bien que le Dr Hamilton ait été retenu par Me. Howe pour témoigner en sa faveur, la manière dont il fut présenté à la barre suggérait presque le contraire. Plutôt que de questionner le Dr Hamilton de manière à exposer au jury son expertise en matière de troubles mentaux et son expérience avec divers types d'aliénation mentale et à renforcer sa légitimité à juger correctement de l'état actuel de l'accusé, Me. Howe choisit une approche bien plus subtile. L'avocat rusé semblait considérer le procureur DeLancey Nicoll et ses associés comme des novices inexpérimentés et il prévoyait qu'ils contre-interrogeraient longuement le témoin, lui offrant ainsi la possibilité de renforcer chaque réponse en faveur de sa partie. Cette stratégie semblait être le fruit d'une entente préalable entre le brillant médecin et l'avocat. Ainsi, lors de l'interrogatoire principal, Me. Howe se contenta d'une seule question :

"Dr. Hamilton, vous avez examiné l'accusé présent à la barre, n'est-ce pas ?"

"Oui, monsieur," répondit le Dr. Hamilton.

"Est-il, selon vous, sain d'esprit ou atteint de folie ?" poursuivit Me. Howe.

"Atteint de folie," déclara le Dr. Hamilton.

"Vous pouvez contre-interroger !" tonna Howe, avec l'un de ses gestes caractéristiques.

Il y eut une consultation précipitée entre Me. Nicoll et ses associés.

"Nous n'avons pas de questions," fit calmement remarquer Me. Nicoll.

"Quoi !" s'exclama Howe, "ne pas interroger le célèbre Dr. Hamilton ? Eh bien, *moi*, je vais l'interroger." Se tournant vers le témoin, il commença alors à le questionner sur l'étendue de son examen des symptômes de l'accusé, etc. Cependant, sur objection, le juge en chef Van Brunt ordonna au témoin de quitter la barre, son témoignage étant terminé. Suite à cela, étant donné que l'interrogatoire principal était achevé et qu'il n'y avait eu aucun contre-interrogatoire, Me. Howe se vit contraint d'appeler son prochain témoin.

Dans son autobiographie intitulée "Some Experiences of a Barrister's Life", Me. Sergeant Ballantine relate le procès pour meurtre d'une jeune femme d'apparence plutôt séduisante, accusée d'avoir empoisonné son mari.

"Ils étaient de classe modeste, et l'on suggérait qu'elle avait commis l'acte afin d'obtenir l'argent d'un fonds funéraire, et qu'elle entretenait également des relations intimes indécentes avec un jeune homme du voisinage. Une quantité infime d'arsenic avait été découverte dans le corps du défunt, que j'ai expliquée pendant la défense par la suggestion que ce poison avait été utilisé de manière négligente pour se débarrasser de la présence de rats. Me. Baron Parke a exhorté le jury à ne pas préjuger contre l'accusée, mettant en avant la faible quantité d'arsenic découverte dans le corps. Sans grande hésitation, le jury l'a acquittée. Le Dr Taylor, professeur de chimie et témoin expérimenté, avait établi la présence d'arsenic. Au désarroi de l'avocat-conseil qui anticipait un contre-interrogatoire rigoureux, je n'ai pas adressé une seule question au Dr Taylor. Il était assis à proximité du juge, et avant le prononcé du verdict, ce dernier a exprimé son étonnement concernant la faible quantité d'arsenic trouvée. À cela, Taylor a répondu que si on l'avait interrogé à ce sujet, il aurait expliqué que cela suggérait, compte tenu des circonstances détaillées dans les preuves, qu'une quantité significative avait été extraite. Le professeur avait appris à ne jamais fournir des informations de sa propre initiative, et l'avocat de l'accusation avait omis de poser la question cruciale. Me. Baron Parke, ayant découvert cette négligence par accident, a choisi de ne pas exploiter cette information. Ce fut là ma première leçon dans l'art du "contre-interrogatoire muet"."

CHAPITRE VIII

LE CONTRE-INTERROGATOIRE À CHARGE, ET SES ABUS

Les chapitres précédents ont mis en lumière les utilisations légitimes du contre-interrogatoire, visant à découvrir la vérité et à dévoiler la fraude.

Le contre-interrogatoire à charge visant à discréditer le témoin, bien qu'ayant une utilité légitime similaire, peut également être une arme à double tranchant. Le présent chapitre explore la nécessité de faire preuve d'une grande prudence et de vigilance lors des contre-interrogatoires à charge visant à discréditer le témoin, tout en examinant certains des abus courants perpétrés par les avocats afin de justifier cette pratique.

Les questions qui ne contribuent ni à véritablement éclaircir les éléments de l'affaire ni à remettre en question l'intégrité ou la crédibilité du témoin interrogé, mais qui révèlent des méfaits passés dont celui-ci peut avoir déjà fait amende honorable, sont souvent posées dans le seul but de provoquer humiliation et déshonneur. De pareilles interrogations sur la vie privée, les affaires personnelles ou les querelles domestiques, impliquant parfois des individus innocents sans lien avec le litige en cours et qui n'ont pas la possibilité de s'expliquer, ne relèvent pas de la pratique légitime du contre-interrogatoire. L'avocat qui se permet d'être le porte-parole de la rancœur ou de la vengeance de son client peut infliger des souffrances significatives et des tortures injustifiées. Bien que certaines interrogations puissent relever des droits légaux de l'avocat, celui qui se laisse emporter par un zèle excessif ou par les pressions de son client, agissant tel un instigateur à ses côtés, prêt à sacrifier toute décence pour humilier son adversaire, trahit sa profession et abandonne toute dignité personnelle. Un verdict obtenu auprès d'un jury influencé par de telles méthodes est une maigre récompense pour de tels renoncements.

Pour justifier le fait d'explorer des sujets sans lien avec les points essentiels de l'affaire, et qui sont destinées à diffamer le témoin ou à le ternir aux yeux du jury, ces questions devraient au moins remettre en question le sens moral et la crédibilité du témoin en tant que tel. Aucune raison ne justifie l'utilisation de ces questions lorsqu'elles visent simplement à dégrader le témoin sur le plan personnel et qu'elles ne remettent pas en question sa sincérité.

Dans tous les chapitres précédents, nous avons présupposé que l'art du contre-interrogatoire serait pratiqué pour soutenir la cause du client par des méthodes justes et légitimes, et non par la distorsion des faits, les insinuations ou la présentation intentionnellement trompeuse d'un témoin devant le jury. Ces méthodes peuvent parfois sans conteste se révéler efficaces, mais leur pratique confère à celui qui les emploie une réputation de "sournois" qui se répand étrangement vite, le discréditant non seulement aux yeux du tribunal, mais également, de manière presque inexplicable, auprès des jurys devant lesquels il plaide sa cause. Une fois affublé de l'étiquette d'"injuste" parmi les habitués du palais de justice, l'avocat plaidant perd à jamais sa qualité de défenseur auprès de ses clients. L'honnêteté reste la meilleure stratégie, tant pour l'avocat que dans tous les aspects de la vie.

Bien que l'avocat puisse détenir des éléments susceptibles de ternir l'image du témoin, les mettre en avant devant le tribunal devient souvent une question délicate, même lorsque leur légitimité est incontestable. Un outrage pareil peut rapidement déplaire au jury, remplaçant leur dégoût initial devant la preuve par de la sympathie à l'égard du témoin affecté. De plus, il convient de considérer l'opinion du juge, car provoquer l'indignation d'un magistrat n'est jamais judicieux. Rien n'est plus contraire à l'éthique pour un avocat que de poser des questions dégradantes non seulement pour le témoin, mais également pour de nombreuses personnes innocentes, simplement parce que le client le souhaite.

L'ART DU CONTRE-INTERROGATOIRE

Un exemple éloquent de l'erreur fatale que constitue l'abandon aux passions vengeresses d'un client est illustré par le résultat marquant de l'affaire célèbre opposant Mme Edwin Forrest à son mari, le renommé tragédien. Mme Forrest, une femme cultivée et distinguée, avait intenté une action en divorce pour adultère, à laquelle son mari avait répliqué en formulant des contre-accusations à son encontre. Lors du procès en 1851, Charles O'Connor, avocat de Mme Forrest, appela comme premier témoin le mari lui-même et l'interrogea sur ses infidélités avec une certaine actrice. John Van Buren, représentant Edwin Forrest, objecta à cette question, arguant qu'elle obligerait son client à témoigner de faits pouvant l'incriminer. La question fut rejetée et le mari quitta la barre des témoins. Après avoir fait témoigner quelques autres témoins de peu d'importance, O'Connor clôtura l'affaire en faveur de la plaignante sans même avoir obtenu de preuves tangibles contre le mari. Si une requête en récusation du jury avait été déposée à ce moment-là, elle aurait sans doute été acceptée, et la femme aurait perdu son procès. On raconte que lorsque Me. Van Buren s'apprêtait à soumettre une telle requête pour clôturer l'affaire, M. Forrest lui demanda de poursuivre les témoignages de la défense et de présenter en détail les preuves compromettantes qu'il avait accumulé contre sa femme. Van Buren se plia aux désirs de son client et, pendant des jours et des semaines, continua à présenter à la barre de multiples témoins qui partageaient les détails sordides de la supposée débauche de Mme Forrest. Cette affaire captiva l'attention du public et fut largement reprise dans les journaux. Comme c'est souvent le cas, les preuves présentées par le mari eurent l'effet inverse sur le public. Leur nature révoltante suscita une immense sympathie envers Mme Forrest. Très vite, Me. O'Connor se retrouva submergé de preuves, envoyées en anonymes ou non, contre le mari. Lorsque Van Buren mit enfin fin à ses attaques contre l'épouse, O'Connor put rétorquer avec éloquence en apportant une avalanche de témoignages accablants contre l'accusé. Le jury acquitta rapidement Mme Forrest et lui accorda le divorce. Si une simple requête avait été déposée à la fin du premier jour du procès, l'affaire aurait pu pencher en faveur du mari. Cependant, aveuglé par la haine de son client envers sa femme, et après un procès acharné de trente-trois jours, Me. Van Buren se trouva aussi défait de manière humiliante que le client. Cette erreur de jugement de Me. Van Buren fut largement critiquée par ses pairs à l'époque. Après sa récente démission de son poste de procureur général à Albany, il avait acquis un certain prestige au sein de son cabinet de la ville de New York. Cependant, sa réputation fut irrémédiablement ternie par son erreur fatale dans l'affaire du divorce de Forrest. [13]

La question des contre-interrogatoires abusifs a été largement débattue en Angleterre ces dernières années, en grande partie à la suite du contre-interrogatoire de Mme Bravo, dont le mari était mort empoisonné. Leur mariage avait été malheureux, surtout en raison de l'attention qu'un certain médecin avait manifesté à l'égard de l'épouse. Pendant l'enquête sur les circonstances entourant la mort du mari, les détails de l'intrigue impliquant l'épouse ont été rendus publics lors de son contre-interrogatoire. Deux grands noms dans la profession furent vivement critiqués comme étant des "brutes judiciaires" : Charles Russell, alors considéré comme le chef du barreau, tant par la portée de son activité que par ses succès devant les tribunaux, ainsi que Sir Edward Clark, l'un des officiers de justice de Sa Majesté, jouissant d'une grande réputation pour ses compétences dans les procès devant jury. Selon l'opinion générale, ils auraient "influencé un grand nombre d'avocats" en "imposant leur autorité dans leurs méthodes abusives du contre-interrogatoire", initiant une tendance qui a rapidement été adoptée par des avocats plaidants de moindre envergure. Parmi ces derniers, une pratique consistant à attaquer les témoins a émergé, qualifiée de "système d'insinuations, de suggestions et d'intimidations", devant lequel les personnes sensibles reculent. Me. Charles Gill, l'un des nombreux imitateurs des méthodes de dominateur Russell, a été

L'ART DU CONTRE-INTERROGATOIRE

critiqué pour avoir "poussé plus loin les enseignements de ses prédécesseurs".

Le reproche adressé à Russell résidait dans ses pratiques, telles que celles démontrées dans l'affaire Osborne (un vol de bijoux), où non seulement le passé d'un individu pu être exposé aux remarques malveillantes et à la curiosité du public, mais où les tribunaux se trouvèrent également incapables de démêler la vérité des accusations préjudiciables, ni de produire des preuves pour les réfuter.

Lord Bramwell, dans un article initialement paru dans le Nineteenth Century en février 1892 et repris par des périodiques juridiques à travers le monde, défendit vigoureusement les méthodes de Sir Charles Russell et de ses émules. S'appuyant sur quarante-sept années d'expérience en tant qu'avocat et magistrat, ainsi que sur une profonde connaissance de la profession juridique, Lord Bramwell avança plusieurs arguments pour défendre une large liberté d'action en matière d'interrogatoires.

"La condamnation d'un juge pour un crime, même s'il l'accusé exprime des remords, entraîne non seulement une punition légale, mais également le ternissement de la réputation, des retombées auxquelles l'individu doit faire face à chaque fois qu'il se trouve devant la justice." "Les femmes impliquées dans des relations illicites et dont les maris décèdent empoisonnés ne doivent pas être surprises si le voile protecteur qui protège habituellement leur vie privée est brusquement déchiré lors d'enquêtes publiques." "Afin d'établir la vérité, la menace du contre-interrogatoire est nécessaire." "Cette étape ne doit pas être considérée comme anodine, mais plutôt comme un test rigoureux." "Seuls ceux qui subissent un contre-interrogatoire peuvent réellement comprendre son impact." Ces arguments illustrent la position des partisans d'une liberté d'action étendue en matière d'interrogatoires à charge.

Le Lord Juge en Chef Justice Cockburn avait un point de vue tout à fait opposé sur la question. "Je déplore profondément le fait que les avocats posent si fréquemment, sans nécessité, des questions affectant la vie privée des témoins, qui ne seraient justifiables que lorsqu'elles mettent en cause sa crédibilité. J'ai eu l'occasion d'observer de près le système judiciaire dans divers pays, notamment en France, en Allemagne, aux Pays-Bas, en Belgique, en Italie, ainsi qu'aux États-Unis, au Canada et en Irlande. Dans aucun de ces pays, je n'ai vu les témoins être malmenés, intimidés et maltraités de manière aussi brutale qu'en Angleterre. La manière dont nous traitons nos témoins est une honte nationale et ne contribue en rien à la quête de la justice. En Angleterre, même les individus les plus honorables et consciencieux éprouvent une aversion pour la barre des témoins. Dans nos tribunaux, hommes et femmes de tous horizons reculent d'effroi à l'idée de subir des attaques injustifiées ou une intimidation au nom du contre-interrogatoire. Il suffit d'observer le frisson qui parcourt bon nombre d'entre eux lorsqu'ils prennent place à la barre des témoins. Je me souviens avoir vu un homme aussi éminent que feu Sir Benjamin Brodie trembler en prenant place à la barre des témoins. J'oserai même affirmer que cette appréhension s'assimile à une torture exquise. Les témoins sont aussi indispensables au système judiciaire que les juges ou les jurés, et ils ont le droit d'être traités avec la même considération. Leurs relations personnelles et leur vie privée devraient être aussi sacrées et protégées des regards du public que celles des juges ou des jurés. Il est de mon opinion qu'il incombe au juge de ne permettre aucune question à un témoin à moins que celle-ci ne soit clairement pertinente pour l'affaire présentée devant la cour, sauf si l'avocat remet délibérément en cause la crédibilité du témoin. Et même dans ces circonstances, la crédibilité d'un témoin ne devrait jamais être remise en cause sans raison valable." [14]

La légitimité ou l'illégitimité de telles questions visant à discréditer le témoin est bien sûr largement laissée à l'appréciation du tribunal. Ces questions sont généralement considérées comme appropriées lorsque, si les allégations qu'elles contiennent se révèlent vraies, elles ont un impact significatif sur l'opinion du tribunal quant à la crédibilité du témoin. Cependant, elles sont jugées inappropriées si les allégations se rapportent à des événements antérieurs ou sont d'une nature telle que leur véracité n'affecterait pas l'opinion du tribunal. De plus, elles sont également considérées comme inappropriées en cas de déséquilibre entre l'importance des allégations et celle du témoignage lui-même. [15]

Cependant, le juge, à qui ces questions sont initialement adressées, ne peut avoir qu'une connaissance partielle des deux parties de l'affaire pour laquelle il est saisi. Sans avoir été présenté tous les faits, il ne peut pas toujours déterminer si les questions posées visent à éclaircir la vérité ou simplement à discréditer le témoin. De plus, le simple fait de poser la question peut souvent causer du tort, même si le juge demande au témoin de ne pas y répondre. L'insinuation a été rendue publique — la réputation a été entachée. Par conséquent, la discrétion doit largement être privilégiée par l'avocat lui-même. Il est de son devoir, par respect pour sa profession, d'évaluer consciencieusement la question avant de la poser, en se demandant selon son propre jugement honnête si elle rend le témoin qui a juré sous serment moins digne de confiance. Il est en effet plus opportun de considérer que les relations intimes n'ont généralement aucun impact sur la fiabilité du témoignage, sauf dans des cas exceptionnels comme celui d'une femme abandonnée par son mari.

Dans les affaires pénales, le procureur est généralement considéré par le jury comme étant un représentant de la justice, impartial et sans parti pris. Ainsi, toute attaque ou suggestion défavorable à l'encontre du témoin d'un accusé est susceptible d'avoir un impact néfaste et est intentionnellement émise pour nuire à l'accusé, engendrant ainsi une injustice. De nombreux exemples flagrants de ces méthodes abusives existent dans les tribunaux pénaux de notre ville. Des questions telles que celles qui suivent sont posées : "N'est-il pas vrai que vous n'étiez pas là du tout ?" "Tout cela a-t-il été écrit dans votre intérêt ?" "N'est-il pas vrai que vous et votre mari avez inventé toute cette histoire ?" "Vous avez témoigné pour tous les procès intentés par votre mari, n'est-ce pas ?" Toutes ces questions ont récemment été critiquées par la Cour, qualifiées d'"insinuations" et jugées comme visant à nuire à l'accusé. Dans l'affaire L'état contre Cahoon, la Cour suprême du Michigan a même estimé que de telles questions, combinées à d'autres erreurs similaires, étaient suffisantes pour annuler la condamnation.

Supposons maintenant que les éléments que vous avez pour discréditer un témoin justifient pleinement ce type d'attaque. La question se pose alors de savoir comment utiliser ces éléments de la manière la plus avantageuse possible. Les jurés ont souvent de la sympathie pour ceux qui sont contraints d'avouer leurs crimes à la barre des témoins. Les mêmes éléments peuvent avantager ou désavantager le contre-interrogateur, selon la manière dont ils sont présentés. Si vous avez, par exemple, en votre possession la preuve de la condamnation du témoin, mais que vous laissez entendre que vous connaissez parfaitement son passé accablant, celui-ci pourra probablement revenir à la charge durant l'interrogatoire. En revanche, si vous ne lui révélez pas cette preuve, il pourrait essayer de la dissimuler de lui-même ou même mentir à ce sujet si nécessaire. Une question telle que "Je suppose que vous n'ayez jamais eu d'ennuis, n'est-ce pas ?" sera rapidement suivi de la réponse suivante : "De quels ennuis parlez-vous ?" Ce à quoi vous répondriez : "Oh, je ne faisais pas référence à des ennuis en particulier. Je voulais dire, êtes-vous déjà allé en prison ?" Le témoin pourrait penser que vous ne savez rien de son passé et le niera. Ou alors, s'il a déjà été condamné à plusieurs reprises, il pourrait admettre une petite infraction tout en tentant de dissimuler le reste, sauf ce qu'il pense que vous savez déjà sur lui. Cette tentative de mensonge et de dissimulation, si elle est exposée par la suite, entacherait considérablement sa crédibilité auprès du jury, bien plus que si vous connaissiez déjà les infractions qu'il a commises. À l'inverse, imaginons que vous le confrontiez directement avec son passé criminel ; dans la plupart des cas, il avouera ses fautes afin d'obtenir la sympathie du jury et de provoquer un ressentiment envers l'avocat qui n'a pas agi de manière chrétienne en divulguant des délits depuis longtemps oubliés.

Le baron Pollock a présidé une affaire durant laquelle un témoin fut interrogé sur une condamnation remontant à plusieurs années, bien que sa sincérité de témoin n'était pas remise en doute. La réponse du témoin a ému le baron jusqu'aux larmes.

Dans l'affaire de l'hôpital Bellevue, dont les détails seront davantage exposés dans un prochain chapitre, lors du contre-interrogatoire du témoin Chambers, qui était alors confiné dans le Pavillon pour les Aliénés, l'auteur a commis l'imprudence de demander au témoin d'expliquer au jury comment il s'était retrouvé interné à Ward's Island. Ce qui a entraîné une réponse poignante : "J'ai été envoyé là-bas parce que j'avais perdu la tête. Voyez-vous, ma femme était très malade, atteinte d'ataxie locomotrice. Elle souffrait depuis un an et j'étais son unique infirmier. Je prenais soin d'elle jour et nuit. Nous nous aimions profondément. Sa longue maladie et ses souffrances atroces m'angoissaient énormément. Et puis, elle avait été tellement bonne avec moi. J'ai fini par me laisser submerger, j'ai perdu la tête. Mais maintenant, je vais mieux, merci."

CHAPITRE IX

REGLES D'OR POUR L'INTERROGATOIRE DES TEMOINS

En s'appuyant sur son expérience, David Paul Brown, membre du barreau de Philadelphie, a dispensé dix-huit préceptes qu'il a intitulés "Règles d'or pour l'interrogatoire des témoins".

Bien qu'il soit, selon moi, impossible de transmettre tout à fait l'art de l'interrogatoire des témoins à travers un ensemble de règles, les Règles d'or de Brown contiennent tant de suggestions utiles et pertinentes concernant cet art qu'il me semble bon de les recenser ici au profit de celui qui l'étudie.

Règles d'or pour l'interrogatoire des témoins

Tout d'abord, en ce qui concerne vos propres témoins.

I. S'ils sont imprudents, et risquent de nuire à votre cause par leur témérité ou leur insolence, observez à leur égard une attitude grave et cérémonieuse qui saura contenir leur audace.

II. S'ils sont inquiets ou méfiants, et que leurs pensées semblent confuses, commencez votre interrogatoire par des questions traitant de sujets familiers et ayant peu de rapport avec l'objet de leur inquiétude ou de l'affaire en cours ; par exemple : - Où habitez-vous ? Connaissez-vous les parties impliquées ? Depuis combien de temps les connaissez-vous ? etc. Une fois que vous aurez réussi à les apaiser et à clarifier leurs pensées, abordez les points cruciaux de l'affaire avec tempérance et précision, en veillant à ne pas perturber à nouveau leur sérénité, qui sera votre source d'information principale.

III. Si les déclarations de vos propres témoins semblent vous être défavorable (une éventualité à laquelle il est essentiel de toujours se préparer), restez impassible ; car de nombreux esprits jugent la nature ou la crédibilité d'un témoignage principalement en fonction de l'effet qu'il semble produire sur l'avocat.

IV. Si vous remarquez que le témoin est prévenu contre votre client, n'attendez pas de lui un témoignage favorable ; à moins que des faits cruciaux à la défense de votre client ne dépendent de lui, ne le convoquez pas du tout, ou alors renvoyez-le rapidement de la barre des témoins. Si l'avocat adverse perçoit une partialité de sa part, il pourrait l'exploiter à votre désavantage. Dans les procédures judiciaires, parmi tous les maux existants, le pire est l'ennemi déguisé en ami, difficile à identifier et encore plus difficile à contrer. Vous ne pouvez pas l'accuser, le contre-interroger, le désarmer ou même l'attaquer indirectement. Si vous choisissez d'appeler de nouveaux témoins pour clarifier les choses, rappelez-vous que vous pourriez encore faire face à des difficultés au sein de vos propres rangs, au cœur même de votre propre camp. Évitez cela à tout prix.

V. Ne convoquez jamais un témoin que l'avocat adverse sera contraint d'appeler à son tour. Cela vous octroiera le droit de le contre-interroger, privant ainsi votre opposant de ce même privilège. En outre, tout ce que le témoin aura dit de défavorable deviendra doublement efficace contre la partie qui l'a appelé, tout en l'empêchant de contrer l'impact de ce témoignage.

VI. Ne posez jamais de questions superflues, ou qui ne peuvent pas être clairement liées à l'affaire, surtout si une objection peut être soulevée concernant leurs pertinences.

VII. Assurez-vous de formuler vos questions de manière à pouvoir les justifier si l'on vous reproche leur caractère informel, ou du moins de disposer d'arguments solides pour appuyer ces mêmes questions. La succession d'erreurs dans votre présentation des preuves ternit votre crédibilité aux yeux du jury et compromet sérieusement vos chances d'un résultat final victorieux.

VIII. Ne contestez jamais une question posée par votre adversaire si vous n'êtes pas en mesure de le faire avec conviction avec et des arguments à l'appui. Rien n'est plus préjudiciable que de soulever et rejeter constamment des objections ; cela témoigne soit d'un manque de discernement lorsque vous *soulevez* ces objections ou d'un manque de courage lorsque vous *ne les défendez pas.*

IV. Parlez distinctement et clairement à votre témoin, en témoignant un intérêt constant pour l'affaire en cours, et *amenez le témoin* à apporter des réponses tout aussi claires et nettes à vos questions. Comment peut-on s'attendre à ce que la cour et le jury soient disposés à écouter attentivement lorsque leur attention est détournée par des signes de léthargie de la part de l'avocat ou du témoin ?

X. Adaptez votre ton de voix aux circonstances, en sachant aussi bien encourager les hésitants que tempérer les audacieux.

XI. Ne commencez jamais avant d'être *prêt*, et concluez toujours lorsque vous avez *obtenu* un résultat. En d'autres termes, ne posez pas de questions dans le simple but de les poser, mais dans le but de recueillir des *réponses* favorables.

Le contre-interrogatoire

I. Sauf pour les questions d'importances mineures, ne détournez jamais votre *regard* du témoin ; c'est un lien crucial d'échange d'émotions et de pensées, et la rupture de ce lien ne pourra être réparée. "La vérité, le mensonge, la haine, la colère, le mépris, le désespoir, et toutes les passions, toute l'âme, s'y manifestent."

II. Ne sous-estimez pas l'importance de la *voix* du témoin ; après son regard, elle peut être le meilleur indicateur de son état d'esprit. Le désir de refouler les sentiments de culpabilité ou de responsabilité à l'égard du crime — cette réserve mentale du témoin — se révèle souvent à travers le ton, l'emphase ou l'intonation de sa voix. Si la question cruciale est de savoir, par exemple, si le témoin se trouvait à l'angle de la sixième rue et de la rue Chestnut à une certaine heure, posez-la ainsi : "Étiez-vous à l'angle de la sixième rue et de la rue Chestnut à six heures ?" Un témoin sincère répondrait : "Je me trouvais peut-être dans le coin." En revanche, un témoin qui était bien présent sur les lieux, désireux de dissimuler ce fait et de vous contredire, répondrait à la négative en se limitant de répondre à l'énoncé de la question plutôt qu'à son objectif, car il se trouvait possiblement sur place (ou non loin), mais quelques minutes avant ou après l'heure mentionné. La réponse typique de ce témoin serait : "Je n'étais pas à *l'angle* de la rue *à six heures*."

L'accent particulier mis sur le lieu et l'heure dans sa réponse, révèle clairement une tentative de dissimulation ou de confusion mentale, et donne lieu, avec un contre-interrogateur habile, aux interrogations suivantes : "à quelle heure étiez-vous au coin de la rue", ou encore "où étiez-vous exactement à six heures ?" Dans la plupart des cas, il ressortira que le témoin se trouvait effectivement à proximité de l'endroit à l'heure indiquée, ou vice versa. Bien que les exemples soient limités ici, il suffit de prêter attention à la voix, ou au ton de celle-ci, pour appliquer facilement ce principe.

III. Sachez adapter votre approche : soyez doux avec ceux qui sont doux, rusé avec les malins, confiant avec les honnêtes, compatissant envers les jeunes, les fragiles ou les peureux, mais ferme avec les impolis, tout en conservant toujours votre dignité. Déployez toute la force de votre esprit, non pas pour briller, mais pour que la *vertu* prévale et que votre *partie* triomphe.

IV. Dans une affaire *criminelle*, surtout lorsque la sentence est *capitale*, limitez le nombre de questions posées dès lors que votre partie est dans une position solide et favorable. Assurez-vous de ne poser au témoin *que* des questions dont la réponse, même défavorable, ne mettra pas en péril la vie de votre client, à moins que vous ne maîtrisiez *parfaitement* le témoin et que vous ne soyez sûr que sa réponse vous sera *favorable*. Ou à moins que vous ne disposiez déjà d'éléments accablants pour contrer une éventuelle trahison de la part du témoin.

V. Évitez autant que possible les questions équivoques, car elles *entraînent* ou *permettent* presque toujours des réponses ambiguës. Un objectif clairement défini constitue la pierre angulaire de tout interrogatoire de témoins, que ceux-ci soient de bonne foi ou non. Le mensonge n'est pas décelé à travers la ruse, mais par la mise en lumière de la vérité. Si la ruse est employée, c'est celle du témoin, non celle de l'avocat.

VI. Si le témoin choisit d'être plein d'esprit ou de résister à vos questions, il est préférable de régler ce différend *dès le départ*, sinon son opposition risque de s'intensifier au fil de l'interrogatoire. Laissez-lui l'opportunité de reconnaître ses erreurs quant à *votre* compétence ou à *la sienne*. Quoi qu'il en soit, veillez à ne pas perdre votre sang-froid ; dans tout échange intellectuel, la colère est souvent soit le signe avant-coureur d'une défaite imminente, soit sa preuve irréfutable.

VII. Tel un joueur d'échecs avisé, concentrez-vous sur les différentes dynamiques et configurations de la partie, à chaque coup. Un succès partiel et momentané peut autrement se transformer en une défaite totale et irréversible.

VIII. Ne sous-estimez jamais votre adversaire, et maintenez une vigilance constante ; un coup imprudent peut être aussi destructeur que s'il était porté avec la plus grande habileté. Les négligences de l'un corrigent souvent, voire exploitent, les erreurs de l'autre.

IX. Montrez du respect envers la cour et le jury, de l'amabilité envers vos collègues, de la courtoisie envers votre adversaire, tout en ne sacrifiant jamais le moindre principe de votre devoir en tant qu'avocat à une déférence excessive envers *les autres*.

Dans "The Advocate, his Training, Practice, Rights, and Duties", un ouvrage rédigé par Cox et publié en Angleterre il y a environ un demi-siècle, un chapitre remarquable sur le contre-interrogatoire offre de précieuses suggestions, auxquelles l'auteur est redevable. Cox conclut son chapitre par un avertissement solennel adressé aux étudiants du sujet, à qui son ouvrage était évidemment destiné :

"Afin de terminer ces observations sur le contre-interrogatoire, qui est la compétence la plus rare, la plus utile et la plus difficile à acquérir pour un avocat, nous tenons à insister une fois de plus sur l'importance de la réserve. Lorsque vous vous adressez à un jury, il peut parfois être permis de parler sans avoir grand-chose à dire, sans que cela ne porte préjudice. Mais dans le cadre du contre-interrogatoire, toute question qui n'avance pas votre cause lui nuit. S'il n'y a pas de résultat que vous souhaitez atteindre avec le témoin, il vaut mieux le renvoyer sans un mot. Aucune question n'est insignifiante ; même la plus anodine en apparence peut soit causer votre perte, soit vous offrir la victoire. Si tout l'art de l'orateur réside dans le fait de savoir quand parler, celui de l'avocat peut être défini par sa capacité à savoir quand garder le silence. La plus brève des expériences dans nos tribunaux suffit pour nous inculquer cette leçon, car chaque jour nous offre des exemples éloquents d'autodestruction provoquée par un contre-interrogatoire imprudent. N'ayez crainte que votre réserve ne soit mal interprétée comme de l'insouciance ou un manque d'assurance. La véritable intention derrière votre réserve sera rapidement discernée et appréciée. Vos critiques, qui sont des avocats eux-mêmes, apprécient pleinement la valeur de la réserve chez un avocat et ils reconnaissent que tout débordement lors d'un contre-interrogatoire ne pourra être réparé par des compétences quelconque sur d'autres points. Les avocats seront prompts à reconnaître la prudence qui guide vos paroles. Même si l'utilité de votre réserve ne se révèle pas immédiatement évidente, elle se manifestera clairement dans le résultat. Votre réputation peut prendre un peu plus de temps à se forger que celle du volubile, mais elle sera plus solide et durable."

CHAPITRE X

LES CONTRE-INTERROGATEURS RÉPUTÉS ET LEURS MÉTHODES

Afin de maîtriser au mieux l'art du contre-interrogatoire, il est important d'étudier les méthodes des grands contre-interrogateurs qui servent de références dans la profession juridique.

En effet, la plupart de ces contre-interrogateurs accomplis attribuent leur succès à l'opportunité qu'ils ont eue d'apprendre aux côtés de brillants avocats au cours de leur carrière.

L'intérêt pour les pratiques des grands contre-interrogateurs et leurs personnalités restant constant, il semble pertinent de brosser quelques brefs portraits de ces figures éminentes et de proposer quelques exemples de leurs méthodes.

Sir Charles Russell, également connu sous le titre de Lord Russell of Killowen, décédé en février 1901 alors qu'il occupait le poste prestigieux de Lord Juge en Chef d'Angleterre, est reconnu comme le contre-interrogateur le plus remarquable de son époque. Lord Coleridge, lui-même un avocat de renom impliqué dans presque toutes les affaires majeures de l'époque, déclarait que "Russell était le plus grand avocat du siècle".

On raconte que les succès rencontrés par Russell dans sa pratique du contre-interrogatoire, tout comme dans tous les autres aspects de sa pratique juridique, découlait en grande partie de sa force de caractère. Sa personnalité marquante, combinée à son expertise et à son ingéniosité, lui conférait une influence indiscutable sur les témoins qu'il contre-interrogeait. Russell était célèbre pour sa capacité exceptionnelle à exploiter les connaissances et l'intellect de ses interlocuteurs. D'autres pouvaient posséder une connaissance du sujet bien supérieure à celle de Russell, mais il était réputé pour sa capacité à exploiter cette connaissance à son avantage et à en faire usage dans son interrogatoire de manière tout à fait inattendue et unique.

Contrairement à Rufus Choate, surnommé "Le Maître des Douze" (ndt : les douze membres du jury) et de loin le plus éminent avocat du siècle de son côté de l'Atlantique, Russell était peu porté sur la lecture. Il appartenait à cette catégorie d'hommes célèbres qui "ne cherchaient pas refuge dans les livres, ni ne prétendaient le faire". À l'inverse pour Choate, sa bibliothèque de quelque huit mille volumes était son sanctuaire, et "ses auteurs étaient ses grands amours". Choate lisait même pendant ses repas et lorsqu'il se baladait dans la rue, car les livres étaient sa passion première. Russell n'était pas non plus réputé pour son éloquence, contrairement à Choate qui était considéré comme "le premier orateur reconnu de son époque, dans tous les coins du monde où la langue anglaise était parlée, et devant tous les jurys."

Russell et Choate étaient des hommes accomplis, tous deux des maîtres dans l'art de leur profession d'avocat. Ils savaient chacun reconnaître les éléments précis sur lesquels appuyer ; surveillant attentivement chaque réaction du jury, percevant d'un coup d'œil ce que celle-ci signifiait pour leur cause, et savaient chacun comment tirer parti au mieux de chaque évènement qui pouvait survenir au cours du procès.

"Un jour, un jeune assistant prenait des notes de manière tout à fait conventionnelle. Russell, quant à lui, ne prenait pas de notes, mais demeurait extrêmement attentif, scrutant tour à tour le tribunal, le juge, le jury, le témoin et l'avocat de la partie adverse. Soudain, il se tourna vers l'assistant et lui demanda : "Que faites-vous ?" "Je prends des notes", répondit celui-ci. "Qu'entendez-vous par 'prendre des notes' ? Pourquoi ne suivez-vous pas le déroulement de l'affaire ?", s'était-il exclamé. Pour sa part, il avait suivi le déroulement de l'affaire. Un événement s'était produit, nécessitant un changement de stratégie, et il avait rapidement réorienté ses collègues, presque avant que ceux-ci n'aient eu le temps de comprendre la nouvelle situation." [16]

La maxime de Russell en matière de contre-interrogatoire était la suivante : "Confrontez le témoin sans détours. Jouez immédiatement cartes sur table, car les jurys anglais n'apprécient pas la *subtilité*."

Afin de décrire son succès en tant que contre-interrogateur, le biographe de Russell, Barry O'Brien écrit : "C'était un spectacle saisissant que de le voir se lever pour contre-interroger. Sa présence seule suffisait à impressionner le témoin : sa stature virile et défiante, son front noble, son expression orgueilleuse, sa bouche impitoyable, ses yeux béants et profondément enfoncés, et ce regard perçant qui semblait sonder l'âme. Russell, selon un membre du Northern Circuit, avait sur un témoin 'l'effet d'un cobra sur un lapin.' Dans une affaire en particulier, il semblait être dans le mauvais camp. Trente-deux témoins avaient été appelés, trente et un provenaient du mauvais camp et un seul provenait du bon camp. Aucun des trente et un témoins n'avait été ébranlé lors du contre-interrogatoire, mais le seul témoin dans le bon camp avait été complètement anéanti par Russell.

Pendant le contre-interrogatoire de Pigott, un ami de l'un des juges de la Commission Parnell lui demanda : "Comment Russell se débrouille-t-il ?" La réponse fut laconique : "Maître Charlie vise très juste". 'Maître Charlie' visait toujours juste, et l'homme qu'il avait face à lui, à la barre, était généralement rapidement mis en difficulté. Je l'ai moi-même vu s'approcher d'un témoin avec une douceur trompeuse — la douceur d'un lion repérant sa proie. J'ai également été témoin de sa férocité lorsqu'il attaquait un témoin avec la fougue d'un tigre. Qu'il adopte une attitude douce ou féroce, sa présence était toujours empreinte de danger pour tout témoin tenté de raconter un mensonge à la barre."

Rufus Choate ne possédait pas la puissance naturelle de Charles Russell, avec laquelle celui-ci dominait ses témoins ; il préférait exercer une fascination subtile. On le surnommait "le magicien de la salle d'audience". Sa méthode de contre-interrogatoire était tout à fait différente. Jamais il n'attaquait un témoin avec l'intention de l'intimider. "Au sujet du contre-interrogatoire d'un éminent avocat du barreau de Boston, Choate déclara avec une désapprobation évidente : "Cet homme s'en prend au témoin d'une manière qui ne peut que naturellement inciter le jury à lui donner raison. Je doute que cela soit une stratégie judicieuse." La sienne était bien plus réfléchie, prudente et avisée. Bénéficiant d'une compréhension profonde de la nature humaine, des motivations qui animent les hommes et des nuances de leurs émotions, il ne lui suffisait de poser que quelques questions pour mettre en lumière la vérité aux yeux du jury. Chacune de ses interrogations lui permettaient de marquer un grand coup et à servir son objectif. Sa devise était claire : "Ne contre-interrogez jamais plus que nécessaire. Si vous ne parvenez pas à détruire votre témoin, c'est lui qui vous détruira." Chaque homme qui lui semblait juste et honnête était traité avec courtoisie ; quant à ceux qui semblaient mal intentionnés, il les détruisait, mais avec la délicatesse d'un chirurgien effectuant une opération nécessaire mais désagréable, et exprimant un profond regret pour la contrainte imposée. Peu d'hommes, qu'ils soient honnêtes ou malveillants, gardaient une rancœur envers Choate pour le contre-interrogatoire qu'il leur avait infligé. Son approche envers les témoins à la barre était tout en douceur, empreinte d'une amabilité rassurante. Même lorsqu'il se préparait à écraser un témoin, sa démarche était marquée par une décision calme et résolue, exempte de toute rudesse — rien de brusque, rien d'acerbe." [17]

Choate croyait fermement en la brièveté des discours devant un jury. Selon lui, "Si un orateur parvient à faire impression, il la fait dans la première *heure*, parfois dans les quinze premières minutes ; car s'il a une bonne et ferme compréhension de son affaire, il est ensuite prêt à passer aux grandes lignes de son argumentation. Il amorce son *ouverture*, qui laisse entrevoir ou annonce tous les airs de l'opéra à venir. Tout le reste n'est que remplissage : répondre aux objections, donner à un juré quelques arguments pour répondre aux objections de ses collègues, etc. En effet, on peut considérer comme une règle établie que l'esprit humain ne peut jamais être profondément ému, remué et concentré plus *d'une heure* dans un seul discours."

John Philpot Curran était pour l'Irlande ce que Choate était pour l'Amérique, et Erskine, et plus tard Russell, pour l'Angleterre. Il était l'un des avocats plaidants devant jury les plus éminents, au même titre qu'Erskine. Issu d'une famille de paysans, il accéda au poste de Master of Rolls pour l'Irlande en 1806. Malgré sa petite taille et sa maigreur, ses bégaiements et sa voix dure et stridente, et malgré sa nature timide si prononcée qu'au cours de sa première affaire, il resta muet et laissa tomber son dossier sur le sol, il devint, grâce à sa persévérance et à son expérience, l'un des avocats les plus éloquents et puissants du monde. En tant que contre-interrogateur, Curran était célèbre pour "démêler les nœuds les plus complexes de la dissimulation à la barre, en exploitant chaque erreur et chaque incohérence pour les contrer avec une réfutation aussi sérieuse qu'implacable."[18]

On racontait de Scarlett, Lord Abinger, qu'il remportait ses procès parce qu'il y avait douze Sirs James Scarlett dans le jury. Il était devenu l'un des avocats les plus accomplis de son époque en matière de procès victorieux. Scarlett avait cette habileté singulière d'amadouer les jurés pour qu'ils découvrent eux-mêmes les points faibles de son affaire. Tandis que Choate se précipitait sur eux avec un enthousiasme grandissant, "le regard ardent et la passion au bout des lèvres", Scarlett se mettait à leur niveau, les flattant et les séduisant. Lors de ses contre-interrogatoires, "il donnait l'impression de prendre les témoins par la main, de devenir leur ami, engageant une conversation familière avec eux, les encourageant à lui confier la réponse qui lui serait la plus favorable, et ainsi, il assurait sa victoire sans déclencher un conflit."

Le juge Wightman relate une anecdote à propos de Scarlett : un jour, alors qu'il quittait son tribunal, il se retrouva à marcher dans la foule aux côtés d'un citoyen qu'il avait vu, jour après jour, servir en tant que juré et avec qui il avait engagé la conversation. Appréciant le caractère de cet homme et remarquant qu'il se rendait au tribunal, le juge Wightman lui demanda ce qu'il pensait des avocats de l'affaire. "Eh bien, dit le citoyen, l'avocat Brougham est un homme merveilleux, il peut parfaitement s'exprimer, n'est-ce pas, mais l'avocat Scarlett, je ne pense pas !" "C'est surprenant !", s'exclama le juge, "car vous n'avez rendu que des verdicts favorables pour ses affaires." "Oh, ça ne veut rien dire", répondit-il, "il a de la chance, vous voyez, il se trouve toujours dans le bon camp." [19]

Choate avait également l'habitude de *s'introduire* parmi les jurés, et l'on sait qu'il pouvait s'adresser une heure au seul juré dont il craignait qu'il ne soit contre lui. Après avoir accumulé les preuves et les arguments, l'une de ses expressions favorites était : "Mais ce n'était que la *moitié* de mon argumentation, messieurs, je peux désormais vous exposer mes preuves importantes."

Erskine, tout comme Scarlett, était mince et de taille moyenne, mais sa beauté était saisissante et son allure vive et nerveuse. "Ses mouvements évoquaient ceux d'un pur-sang, aussi gracieux, souples et révélateurs de puissance et de rapidité." À lui aussi, il manquait des connaissances universitaires et, à ses débuts, il peinait à s'exprimer habilement. Dans ses débuts, il aurait pu renoncer à la profession s'il n'avait pas ressenti, comme il l'exprimait, que ses enfants tiraient sur les pans de sa robe. Plus tard, Choate le qualifia du "meilleur orateur jamais entendu dans la profession d'avocat." Un jour, alors que le président du tribunal menaçait de le condamner pour outrage, il répliqua : "Votre Honneur peut agir à sa guise ; je connais mon devoir aussi bien que vous connaissez le vôtre." La grâce de son élocution et son attitude calme contrastaient vivement avec Rufus Choate, dont la parole était décrite comme un flux musical de rythme et de cadence, rappelant davantage la progression d'une longue mélodie qu'un discours ou un argument. L'un des clients d'Erskine mécontent des efforts déployés par l'avocat pour sa cause, avait un jour écrit à son conseiller sur un bout de papier : "Je serai pendu si je ne plaide pas ma propre cause." Erskine répondit tranquillement : "Vous serez pendu si vous le faites." Erskine se vantait du fait qu'aucun ennui de santé ne l'avait jamais empêché de se présenter au tribunal au cours de ses vingt années de carrière. Quant à Curran, il était réputé pour s'être levé devant le jury, après une séance de seize heures avec seulement vingt minutes d'entracte, et pour avoir livré l'une des argumentations les plus mémorables de son existence.

Parmi les avocats les plus éminents du barreau anglais actuel, Sir Henry Hawkins se distingue particulièrement. La réputation de la fortune qu'il a accumulée au barreau dépasse celle de tout autre homme de sa génération. Lors de son exercice au barreau, sa principale caractéristique était son extraordinaire habileté en matière de contre-interrogatoire. Associé à Lord Coleridge lors du premier procès Tichborne, il s'est forgé la réputation du "plus grand contre-interrogateur du monde" [20] grâce à ses performances lors de l'interrogatoire des témoins Baignet et Carter. Sir Richard Webster était un autre maître du contre-interrogatoire. La rumeur disait qu'il avait été rétribué à hauteur de 100 000 dollars pour sa performance lors du procès devant la Commission spéciale Parnell, où il était en opposition directe avec Sir Charles Russell.

Rufus Choate affirmait que Daniel Webster était le plus grand avocat du monde. Sur son lit de mort, Webster a quant à lui fait l'éloge de Choate comme étant l'homme le plus brillant d'Amérique. Parker relate un épisode emblématique de la confrontation épique entre ces deux légendes du barreau américain. "Un jour, nous avons assisté à ce moment saisissant où Webster a anéanti, d'une simple phrase et d'un regard, une heure d'argumentation complexe de Choate, parsemée de sophismes grecs et de subtilités que même le Gorgias de Léontinoi aurait pu envier. Il était alors question de différencier deux roues de chariot, qui semblaient aussi identiques que pouvaient l'être deux œufs. Cependant, Choate, grâce à sa finesse dialectique passant de blanc bonnet à bonnet blanc, et grâce à ses discours sur 'la fixation des points', a réussi à convaincre le jury de l'existence d'une distinction céleste entre ces deux roues. Pourtant, avec une simplicité désarmante, Webster a riposté. Ses yeux perçants se sont agrandis alors qu'il fixait les deux grandes roues devant lui, s'adressant aux jurés avec une voix imposante : 'Les voici, messieurs les jurés, regardez-les'. Au son de sa voix tonitruante, les roues, qui semblaient auparavant si différentes, ont retrouvé leur similitude originelle aux yeux du jury et le débat sur la 'fixation des points' s'est éteint de lui-même. Cet épisode illustre la suprématie de la *force de caractère* sur l'*intelligence*, aussi impressionnante que cette dernière puisse être." [21]

Devant le jury, Jeremiah Mason pouvait tout à fait produire un effet similaire à celui de ses pairs, tel que Choate ou Webster. Son approche était pourtant de présenter une conversation plutôt qu'un discours élaboré. Il n'avait rien d'un orateur. Il s'approchait au plus près du jury et utilisait la plus abordable et cohérente des argumentations pour convaincre ses auditeurs. Webster lui-même attribuait une part de son propre succès à l'observation attentive qu'il avait portée pendant neuf années consécutives aux apparitions de Mason dans le même tribunal. Aucun contre-interrogateur n'était semblable à Mason au barreau de la Nouvelle-Angleterre.

Dans l'histoire du barreau new-yorkais, rares sont ceux qui ont égalé le juge William Fullerton en tant que contre-interrogateur. Sa réputation reposait sur son approche calme et mesurée, sa courtoisie, les traits d'esprit qui accompagnaient ses questions insistantes et sa méthode ingénieuse bien particulière.

Fullerton se distingua tout particulièrement lors de ses contre-interrogatoires dans la célèbre affaire Tilton contre Henry Ward Beecher, un procès qui lui valut une renommée internationale et qui fut considéré comme l'un des plus mémorables de l'histoire judiciaire de New York. Pourtant, en dépit de leur effort soutenu et brillant, ses interrogatoires furent curieusement peu fructueux, probablement en raison de l'intelligence et de la perspicacité exceptionnelles des témoins eux-mêmes. Le procès dans son ensemble demeura l'un des plus célèbres jamais tenu devant les tribunaux de New York. Dans cette affaire, un pasteur chrétien des plus éminents fut accusé d'avoir abusé de ses pouvoirs d'éloquence et de son autorité religieuse pour corrompre une femme pieuse et vertueuse de son église, l'épouse d'un ami de longue date. Il fut accusé d'avoir entretenu cette relation interdite pendant un an et demi, en usant d'un discours religieux trompeur pour apaiser sa propre conscience ainsi que celle de la dame. Il aurait d'abord invoqué la bénédiction divine pour justifier cette liaison, puis la direction divine pour l'éviter, avant de recourir au parjure pour échapper aux conséquences de ses actes. Les plaignants, MM. Tilton et Moulton, jouissaient quant à eux d'une respectabilité publique et d'une position honorable dans la société.

La longueur et la complexité des contre-interrogatoires de Fullerton durant ce procès étaient telles qu'il serait fastidieux de les rapporter entièrement ici. Lorsqu'il fut reproché à M. Beecher de ne pas répondre plus franchement et directement à ses questions, sa réponse fut sans équivoque : "Je vous crains !"

Lors de son contre-interrogatoire concernant la fameuse "lettre en lambeau", Fullerton lui demanda pourquoi il n'avait pas fourni d'explication à l'église s'il était innocent. Beecher répondit qu'il avait respecté sa promesse de garder le silence et ajouta qu'il ne pensait pas que les autres en avaient fait autant. Cette remarque provoqua des rires dans toute la salle d'audience, et le juge Neilson ordonna à l'officier de justice d'expulser toute personne jugée offensante — "Sauf l'avocat", intervint Me. Fullerton. Plus tard, avec une impatience manifeste, le contre-interrogateur exprima qu'il était de son devoir de recueillir ces informations avant de poursuivre. À cela, M. Beecher répliqua : "Je doute que vous y parveniez avec succès."

Me. Fullerton (d'une voix tonitruante). Pourquoi ne vous êtes-vous pas levé et n'avez-vous pas nié l'accusation ?

M. Beecher (imprégnant sa voix de cette extraordinaire puissance magnétique qui le distinguait tant de ses semblables). Me. Fullerton, ce n'est point-là ma manière de penser ni de traiter les hommes et les choses."

Me. Fullterton. Voyons cela. Affirmez-vous que les accusations portées à l'encontre de Theodore Tilton concernant ses relations avec sa femme, ainsi que les accusations de votre église et de son comité, ne vous ont en rien affecté ?

M. Beecher (laconique). En aucune manière.

À cet instant, Me. Thomas G. Sherman, l'avocat personnel de M. Beecher, vint en aide à son client, soulignant qu'il était singulier que lorsque l'avocat n'avait pas le dossier sous les yeux, les dires n'étaient jamais correctement rapportés.

Me. Fullerton (s'adressant au tribunal avec une prestance impressionnante). Lorsque Me. Sherman ne se montre pas impertinent, il n'est guère plus que négligeable dans cette affaire.

Le juge Neilson (intervenant). L'avocat pensait sans doute que...

Me. Fullerton (l'interrompant). Ce que peut bien *penser* Me. Sherman, votre Honneur, ne saurait être d'une importance suffisante pour occuper le temps de ce tribunal ou de l'avocat adverse.

"Vos sermons sont-ils généralement publiés ?", poursuivit Me. Fullerton. M. Beecher admit qu'ils l'étaient et évoqua avoir prêché un sermon sur "La Noblesse de la Confession".

Me. Sherman (sarcastique). Espérons que *Me. Fullerton* ne *nous prêchera* pas un sermon.

Me. Fullterton. Je le ferais si je pensais pouvoir convertir le frère Sherman.

M. Beecher (avec calme). Je serais ravi de vous prêter ma tribune.

Me. Fullterton (en riant). Le frère Sherman est l'unique auditoire que je souhaite avoir.

M. Beecher (sarcastique). Peut-être est-ce l'unique auditoire que vous *pourriez* avoir.

Me. Fullterton. Si je réussis à convertir le frère Sherman, je considérerais que mon travail de pasteur chrétien est accompli.

Me. Fullerton lut ensuite un passage du sermon, dans lequel il était suggéré que si une personne commettait un grand péché dont la divulgation causerait de la détresse, elle ne serait pas justifiée à le confesser simplement pour apaiser sa propre conscience. M. Beecher admit que cela était considéré comme une "saine doctrine".

À ce moment-là, Me. Fullerton se tourna vers la cour, désignant l'horloge, et déclara : "Après le sermon, il ne reste rien, excepté la bénédiction, je crois." Le juge saisit l'allusion et l'audience fut ajournée. [22]

Durant ce même procès, l'honorable William Me. Evarts, avocat principal de Me. Beecher, renforça sa réputation internationale. La polyvalence de Me. Evarts dans l'affaire Beecher suscita de nombreux commentaires élogieux. Qu'il s'agît de l'interrogatoire principal ou du contre-interrogatoire, de la discussion des preuves ou du réquisitoire, il démontra ses talents de maître. Son contre-interrogatoire de Theodore Tilton fut qualifié de chef-d'œuvre. Ses arguments devant le tribunal furent clairs, posés et logiques. Me. Evarts n'était pas seulement un brillant avocat ; il était également un orateur et un homme politique de renom. Surnommé "le prince du barreau américain", il était réputé pour sa grande érudition et ses goûts littéraires distingués. Sa prestance lors des procès était souvent décrite comme étant marquée par sa voix puissante et ses gestes expressifs. Mesurant un mètre soixante-dix, il était de stature mince et élancée, avec un visage qui semblait sculpté dans du parchemin.

Un jour, Me. Joseph H. Choate confia qu'il considérait ses neuf années passées en tant qu'assistant de Me. Evarts comme la pierre angulaire de son propre succès au tribunal. Cette remarque, venant de Me. Choate lui-même, témoignait de l'immense respect qu'il vouait à son mentor. Car il est indéniable que le génie même de Me. Choate en tant qu'avocat ne pouvait seulement provenir de l'enseignement de Me. Evarts. Lorsque Me. Choate accepta sa nomination en tant qu'ambassadeur auprès de la Cour de Saint-James, il se retira de la pratique juridique ; il est alors permis de commenter ses merveilleux talents en tant qu'avocat plaidant. Il était non seulement aisé de le considérer comme le principal avocat plaidant du barreau de New York, mais beaucoup lui attribuait également ce statut pour l'ensemble du barreau américain. Il est certain qu'aucun homme de son époque n'a réussi à remporter autant de succès avec les jurés que lui. Sa carrière fut un succès sans fin. Ce qui le distinguait n'était pas tant sa brillance dans l'une ou l'autre des fonctions d'avocat plaidant, mais plutôt la qualité de son humour et l'acuité de sa satire dans l'exercice de ces fonctions. Toute sa conduite d'une affaire, sa façon de traiter avec les témoins, le tribunal, les avocats de la partie adverse et surtout le jury, étaient si irrésistiblement fascinants qu'il emportait tout sur son passage. L'avocat adverse ressortait d'un affrontement de trois semaines avec Choate dans un état proche de l'exaltation mentale, malgré le verdict du jury défavorable pour sa partie.

Il n'en allait pas de même avec le regretté Edward C. James ; un affrontement avec lui engendrait une grande fatigue mentale et physique pour son adversaire. James était tenace et inépuisable. Ses contre-interrogatoires étaient extrêmement laborieux. Son attitude de contre-interrogateur était digne et énergique, son esprit toujours alerte et centré sur le sujet qui lui était soumis ; mais il n'avait rien de la fascination ou de l'éclat de Me. Choate. Il était opiniâtre, déterminé, implacable. Il assénait des coups incessants, mais atteignait rarement son objectif. Il épuisait littéralement son adversaire et ne se rendait jamais compte qu'il se trouvait en mauvaise posture dans l'affaire avant que le président du jury ne le lui fasse remarquer. Même dans ces cas-là, il insistait pour que le jury soit sondé afin de vérifier s'il n'y avait pas d'erreur. James ne souriait jamais, sauf en cas de victoire ou lorsque son adversaire fronçait les sourcils. En revanche, lorsque Me. Choate souriait, on ne pouvait s'empêcher de sourire avec lui. Au cours des dix dernières années de sa vie, James s'était retrouvé impliqué dans la plupart des plus importants procès, mais il devait son succès à ses qualités de combattant assidu et inépuisable, et non, je pense, à son art.

James T. Brady était surnommé "le Curran du barreau de New York". Son succès était presque entièrement attribuable à sa courtoisie et à l'extraordinaire précision de ses contre-interrogatoires. Il avait une attitude sereine et captivante au tribunal et comptait parmi les meilleurs orateurs de son époque. Il se vantait d'avoir défendu cinquante hommes condamnés à mort et d'avoir sauvé chacun d'entre eux de la peine capitale.

En revanche, William A. Beech, "le Hamlet du barreau américain", était un contre-interrogateur peu compétent. Il traitait tous ses témoins de manière similaire, méthodique et dominant à leur égard. Si l'affaire qu'il plaidait prenait une tournure inattendue, cela pouvait le prendre de court. Il perdait ainsi de nombreuses affaires et ne pouvait guère conduire les plus complexes. Cependant, en tant qu'orateur de tribunal, il était prééminent. Son plaidoyer dans l'affaire Beecher avait suffi à lui octroyer une réputation d'orateur accompli, car son vocabulaire était étonnamment riche et sa voix enjôleuse.

Quant à James W. Gerard, le doyen, on disait de lui qu'il "avait remporté le plus grand nombre de procès aux preuves accablantes parmi tous ceux qui avaient jamais exercé au barreau de New York." Il regorgeait de ressources et possédait un tact extraordinaire. Sa connaissance profonde de la nature humaine et sa capacité à s'adapter rapidement aux particularités, aux caprices et aux humeurs des différents jurys devant lesquels il comparaissait étaient presque inégalées. Tout observateur des prouesses réalisées par Me. Gérard lors de ses contre-interrogatoires, ainsi que de la manière dont il renversait les évènements pour accabler la partie adverse et remporter les grâces de la cour et du jury, aurait pu penser qu'il était soudain saisi par l'inspiration — que toutes ses paroles et ses actions étaient *impromptues*. En réalité, Me. Gérard se préparait minutieusement pour chaque procès. Ses succès lors de contre-interrogatoires étaient généralement le fruit d'une préparation préalable. Il rédigeait des notes pour chacun d'entre eux. "Ses éclairs d'esprit et son humour extraordinaire et grotesque étaient en grande partie soigneusement réfléchis et planifiés à l'avance." [23]

Le juge Miller avait déclaré de Roscoe Conkling qu'il était "l'un des plus grands intellectuels de son temps". Il avait plus de cinquante ans lorsqu'il quitta son service public à Washington pour ouvrir un cabinet à New York. Pendant les six années qu'il passa au barreau de New York, son succès fut tel qu'il accumula une fortune considérable pour un avocat. Se spécialisant, en tant qu'avocat-conseil, il fut un contre-interrogateur accompli, s'exprimant avec aisance et éloquence et préparant rigoureusement chacune de ses affaires. Malgré sa carrière publique, il se décrivait lui-même en ces termes : "Ma place est devant les douze hommes du jury". Conkling était connu pour sa grande minutie lors de la préparation de ses contre-interrogatoires, surtout dans les affaires majeures. Lors du procès du révérend Henry Burge pour meurtre, Conkling anticipa que l'affaire se concentrerait sur le contre-interrogatoire du Dr Swinburne, qui avait pratiqué l'autopsie. L'accusation soutenait que Mme Burge avait été étranglée par son mari, avant que celui-ci ne lui tranche la gorge. Pour contredire cette allégation lors du contre-interrogatoire, Me. Conkling se procura un corps à disséquer et examina, en présence de l'expert, les parties du corps qu'il voulait étudier. À la suite du contre-interrogatoire du Dr Swinburne, le président du tribunal jugea les preuves si peu fiables qu'il refusa de les présenter au jury, ordonnant ainsi la libération de l'accusé.

Cette préparation méticuleuse aux contre-interrogatoires était également l'un des secrets du succès de Benjamin F. Butler. Il était réputé pour avoir une fois consacré des journées entières à étudier scrupuleusement les moindres éléments d'une machine à vapeur, allant même jusqu'à apprendre à la piloter lui-même, afin d'interroger par la suite des témoins dans l'affaire importante qu'il plaidait. Une autre fois, Butler passa une semaine dans les ateliers de réparation d'une compagnie ferroviaire, parfois sans son manteau et armé d'un marteau, afin de vérifier la résistance du fer à la pression, ce qui était alors un élément crucial de son affaire en cours. Selon ses propres mots : "Un avocat qui se contente de rester dans son bureau et de préparer ses affaires en se fiant uniquement aux déclarations apportées par autrui, a toutes les chances de perdre. Un avocat expérimenté, investi dans la préparation rigoureuse de ses affaires, se doit d'étudier une multitude de domaines d'activité et d'éléments de science." Son esprit vif et espiègle, combinés à sa rigueur et à une acuité remarquable, caractérisent principalement Butler. Il ne fut pas un éminent avocat, ni même un avocat plaidant aussi brillant que Rufus Choate, pourtant il remporta souvent ses affaires face à Choate. Son talent pour le contre-interrogatoire était son atout majeur. Dans ce domaine, il déployait une multitude de ressources et de stratagèmes, à un degré que peu d'autres avaient égalé. "Choate avait toutes les compétences d'un avocat plaidant, mais il possédait également les grandes idées et les capacités intellectuelles d'un véritable grand avocat. Le succès de Butler dépendait de son zèle, associé à sa sagacité, et non de stratagèmes trop sophistiqués."

Dans son autobiographie, Butler présenta plusieurs exemples de ce qu'il aimait appeler ses "coups de génie", qu'il considérait comme des démonstrations de son habileté en tant que contre-interrogateur. Ils furent mentionnés dans le "Butler's Book", non pas comme des exemples des méthodes les plus subtiles de contre-interrogatoire, mais plutôt comme les démonstrations des stratégies qui contribuèrent largement à son succès devant les jurys.

"Lorsque j'étais un jeune homme, j'ai été appelé à défendre un homme pour assassinat. Lui et son associé avaient eu une querelle qui avait dégénéré en coups de poing, puis en jets de pierres. Mon client, armé d'une pierre acérée, porta un coup au défunt au niveau de sa tête, à cet endroit qu'on appelle la tempe. L'homme blessé se retira, et alla s'asseoir, le visage ensanglanté. Quelques instants plus tard, il s'effondra, raide mort.

L'accusation soutenait que la mort résultait d'une blessure à l'artère temporale. Pour ma part, je défendais la théorie selon laquelle l'homme avait succombé à une apoplexie et que s'il s'était uniquement s'agit d'écoulement de sang de l'artère temporale, sa vie aurait pu être préservée — une distinction notable dans nos opinions sur la cause du décès.

Pour être en mesure de soutenir mon argumentation, il me fallait évidemment réunir une multitude de connaissances au sujet de l'artère temporale : connaître son emplacement précis, ses attributions physiologiques, comment le sang pouvait y passer, ainsi que le temps nécessaire pour qu'un individu se vide de son sang depuis cette région de la blessure. Je devais également comprendre dans quelle mesure un corps agité, rendu quasi frénétique par un conflit intense et largement sous l'influence de la liqueur par cette chaude journée, pourrait induire une apoplexie. Sur ces deux points, je me suis finalement pleinement appuyé sur le témoignage d'un chirurgien qui affirmait que la victime avait succombé à une hémorragie de l'artère temporale, résultant de la blessure infligée par mon client à l'aide de la pierre. Ce praticien, de ceux que l'on retrouve souvent à la barre des témoins, avait une confiance absolue dans son domaine d'expertise. Il témoigna de manière catégorique et précise que la seule et unique cause du décès était l'hémorragie de l'artère temporale, exposant en détail les étapes ayant conduit à l'hémorragie et la quantité de sang perdue.

Pour toutes ces questions, je m'étais minutieusement préparé.

Me. Butler. Docteur, vous avez beaucoup parlé de l'artère temporale ; pourriez-vous maintenant la décrire et préciser ses fonctions ? Je suppose que l'artère temporale est ainsi nommée, car elle irrigue en sang les tissus à l'extérieur du crâne, notamment la région que nous désignons couramment comme les tempes.

Le témoin. Oui, c'est exact.

Me. Butler. Très bien. D'où provient le sang de l'artère temporale, dans le système vasculaire ? Provient-il du cœur ?

Le témoin. Non, l'aorte est l'unique artère qui émerge du cœur et transporte le sang vers la tête. Les branches de l'aorte acheminent le sang vers l'ouverture du crâne, au niveau du cou, où elles se divisent en plusieurs artères, dont l'artère temporale.

Me. Butler. Docteur, où se produit cette division ? À l'intérieur ou à l'extérieur du crâne ?

Le témoin. À l'intérieur.

Me. Butler. A-t-elle une quelconque fonction liée à l'irrigation sanguine à l'intérieur ?

Le témoin. Non.

Me. Butler. Alors, docteur, comment le sang parvient-il à l'extérieur pour irriguer la tête et les tempes ?

Le témoin. Oh, il passe par l'ouverture du crâne appropriée.

Me. Butler. Est-ce par les yeux ?

Le témoin. Non.

Me. Butler. Les oreilles ?

Le témoin. Non.

Me. Butler. Il serait peu pratique qu'il passe par la bouche, n'est-ce pas, docteur ?

À ce moment-là, j'ai extrait un crâne de ma sacoche. 'Je n'ai trouvé aucune ouverture adaptée pour l'artère temporale. Pourriez-vous m'indiquer l'ouverture appropriée par laquelle l'artère temporale traverse de l'intérieur vers l'extérieur du crâne ?'

Il fut incapable de le faire.

Me. Butler. Docteur, je ne vais pas vous retenir davantage ; vous pouvez vous retirer.

Ce qu'il fit, et la vie de mon client, à ce moment-là, fut sauvée. L'artère temporale n'entre en aucun cas à l'intérieur du crâne.

J'avais également eu affaire à un jeune client qui se trouvait à bord d'un wagon de chemin de fer lorsque celui-ci a déraillé en raison d'un aiguillage défectueux. Le wagon a dévié sur une certaine distance à grande vitesse, projetant violemment mon client sur son siège. Après l'accident, une fois qu'il s'était remis de ses égratignures, il s'est avéré que son système nerveux avait été gravement endommagé, et qu'il était incapable de contrôler ses mouvements, quoi qu'il fasse. Lors du procès, la présentation de la goupille défectueuse qui contrôlait la position de l'aiguillage, usée et cassée, a permis d'établir la responsabilité de la compagnie ferroviaire pour tout dommage causé par cet incident. L'affaire fut donc réduite à déterminer le montant de dommages-intérêts. J'ai argumenté que l'état de santé de mon client était irrémédiable, en raison de la lésion de sa moelle épinière. La compagnie ferroviaire a répliqué qu'il ne s'agissait que de nervosité, susceptible de disparaître rapidement. Le chirurgien représentant la compagnie ferroviaire a insisté pour examiner personnellement mon client avant de témoigner. Je n'ai guère objecté, et le médecin qui était mon témoin et le chirurgien de la compagnie ferroviaire sont entrés ensemble dans la salle d'examen pour effectuer une évaluation complète, à laquelle je n'ai pas participé, ayant déjà examiné la question.

Après quelques questions de la défense qui semblaient largement sans pertinence, le chirurgien a été appelé à témoigner. Celui-ci affirma être un homme bien établi dans sa profession. Cela ne m'intéressait guère, car je savais qu'il se présenterait comme un expert. Lors de son interrogatoire principal, il consacra une grande partie de son temps à fournir une description très érudite et quelque peu technique de l'état de mon client. Bien qu'il admît que le système nerveux de mon client était gravement atteint, il suggéra également que cela ne serait probablement que temporaire. Je n'avais pas prêté grande attention à son témoignage, car j'avais veillé tard la veille et que la chaleur de la salle d'audience me pesait, me laissant quelque peu ensommeillé. Mais l'avocat de la partie adverse lui posa la question suivante : 'Docteur, quel est votre diagnostic pour les symptômes du plaintif que vous venez de décrire ?'

'Hystérie, monsieur ; il s'agit d'un cas d'hystérie.'

Cela m'a ramené à la réalité. Je me suis redressé et ai demandé : 'Docteur, si je comprends bien — pardonnez mon inattention — quel est votre diagnostic pour l'état de nervosité chez mon client ?'

'L'hystérie, monsieur.'

Je me suis rapidement ressaisi et l'interrogatoire a continué jusqu'à ce que vienne mon tour de contre-interroger.

Me. Butler. Dois-je comprendre que vous estimez que l'état de mon client est entièrement dû à l'hystérie ?

Le témoin. Oui, monsieur, sans aucun doute.

Me. Butler. Et par conséquent, vous pensez que ça ne durera pas ?

Le témoin. Il est peu probable que cela soit le cas.

Me. Butler. Docteur, examinons cela de plus près. La maladie s'appelle l'hystérie, et ses effets sont hystériques, est-ce juste ? N'est-il pas vrai que les termes 'hystérie' et 'hystérique' proviennent tous du mot grec ὑστέρα ?

Le témoin. C'est possible.

Me. Butler. Soyons davantage précis, je vous prie, docteur. N'est-il pas vrai que la traduction exacte du mot grec ὑστέρα est le mot 'utérus' ?

Le témoin. C'est exact, monsieur.

Me. Butler. Alors docteur, ce matin, lors de votre examen de ce jeune homme — en désignant mon client — avez-vous constaté qu'il avait un utérus ? Je n'avais pas remarqué cela auparavant, mais je vais le faire examiner à nouveau pour voir si je peux trouver l'utérus de mon client. Ce sera tout, docteur ; vous pouvez vous retirer."

Robert Ingersoll participa à de nombreux procès célèbres dans tout le pays. Cependant, il était souvent démuni sans la présence d'un assistant compétent à ses côtés. Il était toutefois incontestablement un orateur né. Henry Ward Beecher le considérait comme "le plus brillant orateur de la langue anglaise au monde". Néanmoins, il n'était pas un grand avocat. Il pouvait difficilement rivaliser avec le plus médiocre des avocats plaidant lors de l'interrogatoire des témoins. De l'art du contre-interrogatoire des témoins, il avait peu de connaissances. Sa propre définition de l'avocat, pour reprendre ses propres mots, était celle d'"un courtisan intellectuel". Un jour, il écrivit : "Le plus grand avocat selon moi est ce célèbre avocat anglais qui a accumulé une fortune d'un million de livres et qui a tout légué dans son testament à la création d'une maison pour les idiots, déclarant qu'il voulait rendre cette fortune aux gens à qui il l'avait prise."

Le juge Walter H. Sanborn rapporte une conversation qu'il a eue avec le juge Miller de la Cour des États-Unis au sujet d'Ingersoll : "Juste après que le colonel Ingersoll a conclu son argument devant le juge Miller, je suis entré dans la salle d'audience et j'ai partagé au juge Miller mon regret ne pas être arrivé plus tôt, car je n'avais jamais eu l'occasion d'entendre le colonel Ingersoll présenter un grand argument. 'Eh bien, a répondu Judge Miller, vous n'en aurez jamais l'occasion.'" [24]

Le génie d'Ingersoll s'exprimait dans d'autres domaines. Qui d'autre qu'Ingersoll aurait pu écrire ce qui suit :

"Il y a peu de temps, je me tenais près de la tombe du vieux Napoléon — un magnifique mausolée doré, presque digne d'une divinité déchue — et je contemplais le sarcophage de marbre noir où reposent enfin les cendres de cet homme tourmenté. Je me suis penché sur la balustrade et j'ai médité sur la carrière du plus grand soldat du monde moderne. Je l'ai vu déambuler le long des rives de la Seine, en songeant au suicide ; je l'ai vu à Toulon ; je l'ai vu réprimant la foule dans les rues de Paris ; je l'ai vu à la tête de l'armée en Italie ; je l'ai vu traversant le pont de Lodi, le drapeau tricolore à la main ; je l'ai vu en Égypte, à l'ombre des Pyramides ; je l'ai vu conquérir les Alpes, mêlant les aigles de la France aux aigles des sommets ; je l'ai vu à Marengo, à Ulm, à Austerlitz ; je l'ai vu en Russie, où l'infanterie de la neige et la cavalerie des tempêtes sauvages dispersaient ses légions comme les feuilles flétries de l'hiver. Je l'ai vu à Leipsic, dans l'agonie de la défaite et le désarroi du désastre ; repoussé par un million de baïonnettes jusqu'aux portes de Paris ; encerclé comme une bête traquée ; chassé sur l'île d'Elbe. Je l'ai vu s'échapper et reprendre un empire par la seule force de son génie. Je l'ai vu sur le funeste champ de bataille de Waterloo, où le destin et le hasard s'allièrent pour anéantir la fortune de leur ancien souverain. Je l'ai vu à Sainte-Hélène, les mains croisées derrière son dos, scrutant l'horizon de la mer, à la fois mélancolique et solennel. J'ai songé aux orphelins et aux veuves qu'il avait laissés derrière lui, aux larmes versées pour sa gloire, à la seule femme qui ne l'eût jamais aimée et repoussée de lui par l'implacable main de l'ambition. Et j'ai pensé que j'aurais préféré être un humble paysan français, chaussé de simples sabots ; j'aurais préféré vivre dans une modeste chaumière, avec une vigne grimpante à la porte et des raisins mûrissant sous les caresses du soleil automnal. J'aurais préféré être cet humble paysan, aux côtés de ma tendre épouse, tissant paisiblement sous le jour déclinant, avec mes enfants accrochés à mes genoux, enveloppés dans mes bras. J'aurais préféré être cet homme, et m'éteindre sans éclat, loin des tourments et des rêves évanouis, plutôt que d'être cette puissance impériale, cette incarnation de la force et du carnage, connue sous le nom de Napoléon le Grand."

CHAPITRE XI

LE CONTRE-INTERROGATOIRE DE RICHARD PIGOTT PAR SIR CHARLES RUSSELL, DEVANT LA COMMISSION PARNELL

La méthode moderne d'approche de tout sujet ou de toute discipline est la méthode inductive. Cette approche est avérée dans nos écoles de droit, où l'accent est largement mis sur l'étude d'affaires réelles pour acquérir les principes juridiques, plutôt que de les apprendre uniquement à partir de manuels.

Comme mentionné précédemment, cette méthode est également indispensable pour devenir un expert en contre-interrogatoire. En plus de l'expérience personnelle, il est essentiel d'étudier les méthodes des grands contre-interrogateurs, dont la longue expérience en fait des guides fiables.

C'est pourquoi l'auteur estime qu'il serait extrêmement bénéfique pour les étudiants du contre-interrogatoire de disposer, de manière pratique et concise, de quelques exemples pertinents des méthodes utilisées par des contre-interrogateurs renommés, telles qu'elles ont été appliquées lors de procès célèbres.

Ces exemples sont non seulement instructifs sur le plan professionnel, mais également fascinants pour étudier la complexité de la nature humaine. C'est pour toutes ces raisons que je présente, dans les pages suivantes, le contre-interrogatoire de quelques témoins clés dans plusieurs affaires célèbres.

L'un des contre-interrogatoires les plus remarquables et réussis de l'histoire des tribunaux anglais est sans doute celui mené par Russell contre Pigott. Ce dernier était le principal témoin lors de l'enquête menée à la suite de l'attaque contre Charles S. Parnell et soixante-cinq membres irlandais du Parlement, accusés d'appartenir à une organisation considérée comme séditieuse, voire meurtrière, ayant pour objectif de renverser le régime anglais.

La principale accusation portée contre Parnell, et celle qui nous importe dans le contre-interrogatoire du témoin Pigott, concerne sa rédaction présumée d'une lettre incriminante. Celle-ci, que le *Times* prétend avoir obtenue et publiée par fac-similé, contient sa confession pour le meurtre de Lord Frederick Cavendish, secrétaire en chef pour l'Irlande, et de M. Burke, sous-secrétaire, à Phoenix Park, Dublin, le 6 mai 1882. L'une des phrases clés de cette lettre est : "Je ne peux pas refuser d'admettre que Burke n'a pas eu plus que son dû."

La publication de cette lettre a naturellement suscité une vive agitation au Parlement et dans tout le pays. Parnell a déclaré à la Chambre des Communes que la lettre était fausse, et a par la suite demandé la mise en place d'une commission spéciale pour enquêter sur l'authenticité de la lettre fac-similé. Le gouvernement refusa cette demande, mais nomma une commission spéciale composée de trois juges pour examiner toutes les accusations portées par le *Times*.

Une fois de plus, l'auteur est redevable au biographe de Russell, M. O'Brien, pour les détails de cette célèbre affaire. Rarement une controverse juridique n'a été aussi visuellement décrite. Nous avons l'impression de revivre les événements avec Russell, voire avec M. O'Brien lui-même, tout au long de ces mois agités. Nous devons toutefois nous contenter de la reproduction du contre-interrogatoire de Pigott tel qu'il apparaît dans les transcriptions sténographiques du procès, éclairées par la plume habile du biographe de Russell.

M. O'Brien décrit cet événement comme le point culminant de la carrière de Russell : sa défense de Parnell. Pour assumer ce rôle, Russell a restitué au *Times* les honoraires qu'il avait reçus pendant de nombreuses années. Il était connu que le Times avait acquis la lettre par M. Houston, secrétaire de l'Irish Loyal and Patriotic Union, et que celui-ci l'avait lui-même obtenu de Pigott. Mais comment Pigott avait-il obtenu la lettre ? C'était la question brûlante, et tous attendaient avec impatience le jour où Pigott se présenterait à la barre pour s'expliquer, et où Sir Charles Russell prendrait la parole pour le contre-interroger. M. O'Brien écrit : "L'explication fournie par Pigott au sujet de la lettre se réduisait à ceci : il avait été engagé par l'Irish Loyal and Patriotic Union pour obtenir tout document compromettant concernant Parnell. Par conséquent, il avait acquis la lettre fac-similé, ainsi que d'autres missives, à Paris, auprès d'un agent du Clan-na-Gael, qui était disposé à nuire à Parnell moyennant une rétribution financière.

Pendant une semaine entière, voire plus, Russell avait paru pâle, exténué, anxieux et nerveux. Son impatience, son irritabilité, parfois même son humeur désagréable, étaient palpables. Même lors du déjeuner, à peine une demi-heure avant le procès, il semblait totalement désorienté, agissant tel un jeune avocat inexpérimenté confronté à son premier dossier plutôt que tel le redoutable plaideur qu'il était. Mais au moment du procès, tout avait changé. Se tenant face à Pigott, il incarnait le calme, la sérénité et la puissance ; aucune impatience et aucune irritation n'était perceptible, aucune trace de malaise ou d'inquiétude ne se manifestait. Une légère rougeur illuminait son visage, ses yeux pétillaient et un sourire charmant se dessinait sur ses lèvres. Son attitude et ses mouvements, alors qu'il tournait fièrement la tête vers le banc des jurés, exprimaient le courage, la détermination et l'assurance. S'adressant au témoin avec courtoisie, dans le silence solennel de la salle d'audience bondée, il commença ainsi : 'M. Pigott, avec la permission de la Cour, auriez-vous l'obligeance d'écrire quelques mots sur cette feuille de papier pour moi ? Peut-être serait-il plus confortable pour vous de vous asseoir ?' Une feuille de papier fut alors présentée au témoin. Celui-ci sembla surpris un instant. Il était évident qu'il ne s'attendait pas à entamer le contre-interrogatoire ainsi. Il hésita, l'air confus, et peut-être que Russell le remarqua. Quoi qu'il en soit, l'avocat ajouta rapidement :

'Préféreriez-vous vous asseoir ?'

'Oh, non, merci', répondit Pigott, quelque peu perturbé.

Le Juge. Je pense qu'il serait préférable que vous preniez place. Voici une table où vous pourrez écrire à votre guise.

Pigott s'installa et sembla retrouver contenance.

Russell. Veuillez écrire le mot 'vraisemblance'.

Pigott s'exécuta.

Russell. Maintenant, laissez un espace. Pouvez-vous écrire le mot 'ressemblance' ?

Pigott s'exécuta.

Russell. Pouvez-vous écrire votre propre nom ? Ensuite, 'prosélytisme'. Et enfin – je ne souhaite pas vous importuner davantage – 'Patrick Egan' et 'P. Egan' ?

Il ponctua ces derniers mots avec une emphase particulière, comme s'ils revêtaient une importance cruciale. Puis, alors que Pigott finissait d'écrire, il ajouta d'un ton léger : 'Il y a un mot que j'ai oublié. Plus bas, veuillez écrire le mot 'hésitation.'' Alors que Pigott s'apprêtait à écrire, Russell précisa, comme s'il s'agissait d'un détail de toute importance : 'Avec un 'h' minuscule.' Pigott s'exécuta, et il semblait soulagé.

Russell. Pourrais-je récupérer la feuille ?

Pigott se saisit d'un papier buvard pour les déposer sur la feuille, mais Russell intervint rapidement d'une voix sèche : 'Sans le papier buvard, je vous prie.' Je remarquais que le timbre strident de la voix de Russell alarma Pigott. S'il avait paru calme jusqu'ici, son visage trahissait désormais de l'inquiétude et il tendit nerveusement la feuille à Russell. Le procureur général l'examina attentivement, puis proposa, avec une assurance prononcée : 'Votre Honneur, je suggère que cela soit photographié, si cela ne dérange pas la Cour.

Russell (Se tournant brusquement vers le procureur général, le regard furieux et son accent irlandais ressurgissant, comme cela lui arrivait parfois lorsqu'il était contrarié). N'interrompez pas mon contre-interrogatoire avec cette requête.

L'ART DU CONTRE-INTERROGATOIRE

Le procureur général était loin de se douter à ce moment-là que, pendant les dix minutes ou le quart d'heure qu'il avait occupé poser ces questions, Russell avait obtenu un avantage décisif. Dans l'une de ses lettres à Pat Egan, Pigott avait écrit 'hésitation' avec un a : 'hesitatian'. Cette variation orthographique était cruciale, car dans l'une des lettres incriminantes, 'hésitation' était écrit de cette façon ; et dans la feuille remise à Russell, Pigott avait également écrit 'hesitatian'. C'est en effet l'orthographe de ce mot par Pigott qui avait éveillé les soupçons des membres irlandais en premier lieu. Pat Egan, en voyant le mot orthographié avec un 'a' dans l'une des lettres incriminantes, avait écrit à Parnell, indiquant : 'Pigott est le faussaire. Dans la lettre que l'on vous attribue, le mot 'hésitation' a été écrit avec un 'a'. C'est ainsi que Pigott orthographie toujours le mot'. Ces éléments n'avaient guère effleuré l'esprit du procureur général lorsqu'il avait interrompu le contre-interrogatoire de Russell en demandant que la feuille soit photographiée. Ainsi s'est achevée la première manche de cet affrontement.

Russell reprit une attitude courtoise et Pigott, qui avait recouvré son assurance, semblait de nouveau déterminé à ne pas céder.

Après avoir discuté longuement de certains points préliminaires (et après s'être tenu debout pendant près d'une demi-heure), Russell conclut son interrogatoire avec le témoin.

Russell. La première publication des articles 'Le parnellisme et le crime' date-t-elle du 7 mars 1887 ?

Pigott (d'un ton ferme). Je ne sais pas.

Russell (avec amabilité). Selon votre option ?

Pigott (d'un ton léger). Je suppose que oui.

Russell. Aviez-vous connaissance de la publication des lettres incriminantes ?

Pigott (fermement). Non, je n'en avais pas connaissance.

Russell (brusquement, et avec un léger accent irlandais). Vraiment ?

"*Pigott* (défiant). Oui, vraiment."

* * * * *

"*Russell*. Aviez-vous connaissances des graves accusations qui allaient être portés contre M. Parnell et les principaux membres de la Land League ?"

Pigott (confiant). Je n'en ai eu connaissance qu'au moment où elles ont été portées.

Russell (de nouveau avec son léger accent irlandais). Vraiment ?

Pigott (défiant). Je n'en ai eu connaissance qu'au moment où les publications sont parues.

Russell. (S'interrompant pour fixer le témoin). Vous le jurez ?

Pigott (brusquement). « Je le jure. »

Russell (claquant des mains et regardant en direction des jurés). Très bien, il n'y a pas de doute à ce sujet.

S'ensuivit une pause. Russell plaça ses mains sous son bureau et en extirpa quelques feuilles — pendant ce temps-là, Pigott, l'avocat général, les juges et toutes les personnes présentes au tribunal le regardaient attentivement. Il n'y avait pas un souffle, pas un mouvement. Je pense que ce fut la scène la plus dramatique de tout le contre-interrogatoire, qui abonda par la suite d'épisodes dramatiques. Puis, remettant une lettre à Pigott, Russell demanda calmement :

'Est-ce bien votre lettre ? Ne vous donnez pas la peine de la lire ; dites-moi seulement si c'est votre lettre.'

Pigott attrapa la lettre et la tint près de son visage comme s'il la lisait.

Russell (d'une voix forte). Ne vous donnez pas la peine de la lire.

Pigott. Oui, je pense que c'est ma lettre.

Russell (en fronçant les sourcils). En êtes-vous sûr ?

Pigott. Oui.

Russell. (S'adressant aux juges). Messieurs les Juges, la lettre provient de l'hôtel Anderton et est adressée à l'archevêque Walsh. La date, messieurs les juges, est le 4 mars, trois jours avant la parution du premier article, 'Le parnellisme et le crime'.

Il lut ensuite : 'Privé et confidentiel. Monseigneur, l'importance du sujet sur lequel j'écris excusera sans doute cette intrusion à la tranquillité de Votre Grâce. Brièvement, je souhaite vous dire que j'ai été mis au courant des détails de certaines procédures qui sont en préparation dans le but de détruire l'influence du parti de Parnell au Parlement.'

Après avoir lu ce passage, Russell se tourna vers Pigott et lui demanda : 'Quelles étaient les procédures en préparation en question ?'

Pigott. Je ne me souviens pas.

Russell (fermement). Veuillez-vous tourner vers Messieurs les juges et répéter votre réponse.

Pigott. Je ne me souviens pas.

Russell. Vous attestez que cette lettre a été écrite le 4 mars, il y a moins de deux ans ?

Pigott. Oui.

Russell. Vous ne savez pas à quoi elle fait référence ?

Pigott. Je ne le sais pas.

Russell. Puis-je émettre une suggestion ?

Pigott. Je vous en prie.

Russell. Fait-t-elle notamment référence aux lettres incriminantes ?

Pigott. Oh, à cette date-là ? Non, les lettres n'avaient pas été obtenues, je pense, à cette date-là, n'est-ce pas, il y a deux ans ?

Russell (calmement et poliment). Je ne souhaite pas vous confondre, M. Pigott.

Pigott. Pourriez-vous me donner la date de cette lettre ?

Russell. Le 4 mars.

Pigott. Le 4 mars.

Russell. Avez-vous le sentiment que les lettres n'avaient pas été obtenues à cette date ?

Pigott. Oh, oui, certaines lettres avaient été obtenues avant cette date.

Russell. Alors, en considérant que certaines lettres avaient été obtenues avant cette date, le passage que je vous ai lu fait-il notamment référence à ces lettres ?

Pigott. Non, j'ai plutôt le sentiment qu'elles faisaient référence aux articles à paraître dans le *Times*.

Russell (observant attentivement le témoin). Il me semble pourtant que vous nous avez affirmé n'avoir pas connaissance des articles à paraître.

Pigott (l'air confus). Oui, c'est ce qui me semblait. Je me rends compte maintenant que j'ai pu me tromper — que j'en avais peut-être entendu parler.

Russell (sévèrement). Je vous prie donc de ne pas répéter cette erreur, M. Pigott. Maintenant, poursuivons (continuant de lire la lettre de Pigott à l'archevêque). 'Je ne peux vous en dire plus que ceci : les procédures mentionnées impliquent la publication de déclarations destinées à établir la culpabilité présumée de M. Parnell lui-même, ainsi que de certains de ses partisans, dans des actes criminels et des violences en Irlande. Il est très probable qu'elles seront suivies par des poursuites judiciaires engagées par le gouvernement.'

Après avoir terminé la lecture, Russell reposa la lettre et demanda (en se tournant vers le témoin) : 'Qui vous a informé de tout cela ?'

Pigott. Je l'ignore.

Russell (frappant vivement la feuille de ses doigts). Mais cela fait référence, notamment, aux lettres incriminantes ?

Pigott. Je ne me souviens pas que cela soit le cas.

Russell (vivement). Vous affirmez sous serment que ce n'est pas le cas ?

Pigott. Je ne peux l'affirmer.

Russell. Vous affirmez que c'est le cas ?

Pigott. Non, je ne le pense pas.

Russell. Pensez-vous que, si ces lettres étaient authentiques, elles prouveraient ou non la complicité de Parnell dans les crimes ?

Pigott. Je pense qu'elles pourraient certainement le prouver.

Russell. Alors, en conservant cette opinion à l'esprit, aviez-vous l'intention de faire allusion, notamment, aux lettres comme étant la preuve ou prétendument la preuve de cette complicité ?

Pigott. Oui, c'était probablement mon intention.

Russell. Vous ne pouviez pas avoir de doute à ce sujet ?

Pigott. Je suppose que oui.

Russell. Vous supposez que vous pouviez avoir des doutes ?

Pigott. Oui.

Russell. Voici la lettre et sa déclaration : 'Votre Grâce peut être assurée que je parle en toute connaissance de cause et que je suis en mesure de prouver, au-delà de tout doute et de toute question, la véracité de ce que je dis.' Était-ce vrai ?"

Pigott. Cela ne pouvait pas être vrai.

Russell. Alors, ce vous avait écrit était faux ?

Pigott. Je suppose que je l'ai exprimé ainsi pour donner plus de poids à mes dires. Je ne pense pas que cela était appuyé par ce que je savais.

Russell. Vous avez fait une fausse déclaration pour renforcer vos affirmations ?

Pigott. Oui.

Russell. Vous pensez que ces lettres sont authentiques ?

Pigott. Je le pense.

Russell. Vous le pensiez aussi à ce moment-là ?

Pigott. Oui.

Russell (en poursuivant sa lecture). 'Et j'assure à Votre Grâce que je suis également en mesure d'indiquer comment ces desseins peuvent être combattus avec succès et finalement vaincus.' Si ces documents étaient authentiques et que vous les pensiez tels, comment avez-vous pu assurer à Sa Grâce que vous étiez en mesure d'indiquer comment les desseins pouvaient être combattus avec succès et finalement vaincus ?

Pigott. Eh bien, comme je l'ai expliqué, je ne pensais pas aux lettres à ce moment-là. Je ne me souviens pas même de cette lettre adressée à l'archevêque Walsh. Je n'ai véritablement aucun souvenir à ce sujet.

Russell. Vous m'avez dit, il y a tout juste un instant, et après mûre réflexion, que vous pensiez aux lettres incriminantes et la lettre à l'archevêque Walsh.

Pigott. J'ai dit que c'était probablement le cas ; mais je vous assure que cela s'est complètement effacé de ma mémoire.

*Russell (*fermement). Permettez-moi d'insister. En supposant que les lettres soient authentiques, comment avez-vous pu affirmer à Sa Grâce que vous seriez en mesure de démontrer comment les desseins pourraient être combattus avec succès et finalement vaincus ?

Pigott (désespéré). Je ne peux vraiment pas le concevoir.

Russell. Oh, veuillez essayer. Je vous prie d'essayer.

Pigott (manifestement confus et désemparé). Je ne peux pas.

Russell (fixant intensément le témoin). Essayez.

Pigott. Je ne peux pas.

Russell. Essayez.

Pigott. Cela ne sert à rien.

Russell (insistant). Puis-je en conclure que vous n'avez aucune explication à fournir à Messieurs les juges ?

Pigott. Je suis vraiment incapable de le faire.

*Russell (*en poursuivant sa lecture). 'Je tiens à vous assurer, Votre Grâce, que ma seule intention est de vous suggérer respectueusement de partager le contenu de cette lettre avec l'une ou l'autre des parties concernées. Je pourrais ainsi leur fournir des détails, présenter des preuves et suggérer des méthodes efficaces pour contrer l'attaque imminente qui se profile à l'horizon.' Qu'avez-vous à dire à ce sujet, Monsieur Pigott ?

Pigott. Je n'ai rien à ajouter, si ce n'est que je ne me souviens absolument de rien à ce sujet.

Russell. Quelle était l'attaque imminente que vous mentionniez ?

Pigott. Je suppose que c'était la publication à venir.

Russell. Comment pensiez-vous la contrer efficacement ?

Pigott. Je n'en ai aucune idée.

Russell. En supposant que les lettres soient authentiques, ne vous vient-il pas à l'esprit — pas même maintenant — quelle était la manière de les contrer efficacement ?

Pigott. Non.

Pigott se trouvait alors dans la position d'un homme qui, après la sixième manche d'un affrontement de haut niveau, avait été envoyé au tapis à chaque reprise. Mais Russell n'avait fait preuve d'aucune clémence envers lui. Je vais désormais vous présenter un autre extrait de ce contre-interrogatoire."

* * * * *

"*Russell*. Quelles que soient les accusations présentées dans 'Le parnellisme et le crime', les pensez-vous fondées ou non ?

Pigott. Comment puis-je l'affirmer si je ne sais pas quelles étaient les accusations ? Je réitère que je n'ai aucun souvenir de cette lettre à l'archevêque ni des circonstances qu'elle mentionne.

Russell. Tout d'abord, vous saviez ceci : que vous vous étiez procuré et aviez payé pour un certain nombre de lettres ?

Pigott. Oui.

Russell. Qui, si elles étaient authentiques, comme vous me l'avez déjà dit, elles impliqueraient gravement les parties dont elles étaient censées provenir.

Pigott. Oui, elles les impliqueraient gravement.

Russell. Vous considéreriez cela, je suppose, comme une accusation grave ?

Pigott. Oui.

Russell. Croyiez-vous que cette accusation était fondée ou non ?

Pigott. Je pensais que cette accusation était fondée.

Russell. Vous pensiez que cette accusation était fondée ?

Pigott. Oui.

Russell. Je vais maintenant vous lire ce passage [de la lettre de Pigott à l'archevêque] : 'Je n'ai guère besoin d'ajouter que si je considérais les parties réellement coupables des faits qui leur sont reprochés, il ne me viendrait pas à l'idée de suggérer que votre Grâce prenne part à un effort pour les protéger ; je souhaite seulement faire comprendre à votre Grâce que les preuves sont apparemment convaincantes et qu'elles seraient probablement suffisantes pour obtenir une condamnation si elles étaient soumises à un jury anglais.' Qu'avez-vous à dire à ce sujet, Monsieur Pigott ?

Pigott (déconcerté). Je n'ai rien à ajouter, si ce n'est que je suis certain que je ne pensais pas aux lettres lorsque j'ai écrit cela, car je ne pense pas qu'elles portaient une accusation suffisamment sérieuse pour justifier mes propos.

Russell. Mais vous reconnaissez que c'est la seule partie de l'accusation à laquelle vous avez participé, d'après vos propres dires ?

Pigott. Oui, c'est ce que j'ai dit ; je devais parler d'autre chose dont je n'ai plus le souvenir pour l'instant — d'autres accusations que les lettres.

Russell. Quelles autres accusations ?

Pigott. Je ne sais pas. C'est bien ce que je vous explique.

Russell. Permettez-moi alors de vous rappeler que cette partie spécifique des accusations — les lettres incriminantes — était constituée de lettres dont vous aviez vous-même connaissance.

Pigott. Oui, c'est exact.

Russell (lisant un passage d'une autre lettre de Pigott à l'archevêque). 'J'ai été quelque peu déçu de ne pas recevoir de réponse de votre Grâce, car je m'attendais à mériter cet honneur. Je tiens à vous assurer que je n'avais nulle autre intention en vous adressant ces lignes que de prévenir, dans la mesure du possible, un grand péril menaçant des personnes pour lesquelles votre Grâce est réputée témoigner une grande sympathie. Dans le même temps, si votre Grâce préfère ne pas se mêler de cette affaire, ou si vous estimez que vous ne devriez pas me recevoir, je suis pleinement satisfait d'avoir accompli ce que je considérais comme mon devoir dans ces circonstances. Je ne solliciterai plus votre Grâce, sauf pour vous implorer à nouveau de préserver le secret de mon nom, car sa divulgation pourrait compromettre mes perspectives futures, sans que cela ne serve qui que ce soit. Je formule cette demande avec une conviction renforcée par le fait que je n'ai pris aucune part aux activités préjudiciables au parti Parnell, même si j'ai été informé de tous les détails.'

Pigott (d'un air confus et inquiet). Oui ?

Russell. Que souhaitez-vous dire à ce sujet ?

Pigott. Qu'il me semble évident que je ne parlais pas des lettres à ce moment-là.

Russell. Donc, s'il est évident que vous ne parliez pas des lettres, de quoi parliez-vous ?

Pigott. Il devait s'agir de quelque chose de bien plus grave.

Russell. Qu'est-ce que c'était ?

Pigott (désarmé, des gouttes de sueur perlant sur son front et ruisselant sur son visage). Je ne peux pas vous le dire. Je n'en ai aucune idée.

Russell. C'était donc quelque chose de bien plus grave que les lettres ?

Pigott. (répétant) Bien plus grave.

Russell (brusquement). Pourriez-vous accorder à Messieurs les juges une indication, même incertaine, de ce dont il s'agissait ?

Pigott (en proie au désespoir). Je ne peux pas.

Russell. De qui vous l'avez entendu alors ?

Pigott. Non.

Russell. Quand vous l'avez entendu ?

Pigott. Ni quand je l'ai entendu.

Russell. Où vous l'avez entendu ?

Pigott. Ni où je l'ai entendu.

Russell. Avez-vous partagé cette accusation grave — quelle qu'elle soit — avec quelqu'un ?

Pigott. Non.

Russell. C'est toujours claustré, hermétiquement scellé dans votre propre mémoire ?

Pigott. Non, car quoi qu'elle soit, elle s'est effacée de ma mémoire.

À cette réponse, Russell esquissa un sourire, jeta un regard aux jurés puis reprit sa place. Une vague de rires moqueurs balaya la salle d'audience, suivie d'un brouhaha de voix. Les gens autour de moi échangèrent des regards et murmurèrent : 'Magnifique'. Les juges se levèrent, la foule se dissipa, et un homme irlandais parmi celle-ci exprima, je crois, le sentiment général en un seul mot : 'Détruit.'"

Le contre-interrogatoire de Pigott prit fin le lendemain, et dès le deuxième jour, celui-ci disparut tout à fait, avant de transmettre depuis Paris un aveu de sa culpabilité. Il reconnut avoir commis un parjure, expliquant en détail comment il avait falsifié la lettre présumée de Parnell, en recopiant des mots et des phrases à partir de lettres authentiques de Parnell, qu'il plaçait contre une vitre pour suivre les lignes de l'écriture. Il admit également avoir vendu la lettre falsifiée pour 605 livres sterling.

Après la lecture de l'aveu, la Commission conclut qu'il s'agissait bien d'une lettre falsifiée, et le Times retira le fac-similé de la lettre.

Un mandat d'arrêt fut délivré contre Pigott pour parjure, mais lorsque la police le retrouva dans un hôtel à Madrid, il demanda qu'on lui laisse un moment pour rassembler ses affaires. Se retirant dans sa chambre, il mit fin à ses jours en se tirant une balle dans la tête.

CHAPTER XII

LE CONTRE-INTERROGATOIRE DU DR. X DANS L'AFFAIRE CARLYLE W. HARRIS

Parmi les nombreuses affaires conservées dans les archives des tribunaux pénaux de ce pays, rares sont celles qui ont suscité autant d'intérêt, captivant toutes les classes de la société, que l'affaire et la condamnation de Carlyle W. Harris.

Aujourd'hui encore, une décennie après le procès, ceux — et surtout celles — qui n'ont pas assisté au procès, mais se sont contentés d'écouter les rumeurs de l'époque et de lire les comptes-rendus dans les journaux, demeurent largement convaincus de l'innocence de Harris dans le crime pour lequel l'État l'a exécuté.

Dans ce chapitre, nous proposons d'examiner certains des éléments ayant mené au témoignage crucial d'un des plus éminents toxicologues du pays, appelé à la barre par la défense lors d'un moment charnière du procès. Nous présenterons également des extraits de son contre-interrogatoire, car son témoignage désastreux a été le tournant décisif de l'ensemble de l'affaire. Lorsqu'il était retourné à Philadelphie, après son témoignage, ce toxicologue avait ouvertement déclaré, lorsqu'on lui avait demandé de raconter son expérience à New York, qu'il s'était rendu dans la métropole dans le seul but de se ridiculiser et qu'il était heureux de rentrer chez lui.

Nous proposons également de dévoiler quelques éléments *cachés* de l'affaire, des détails qui n'ont jamais été portés à la connaissance du tribunal lors du procès. Non pas parce qu'ils étaient inconnus du procureur à l'époque, ni qu'ils étaient impossibles à prouver, mais en raison des strictes règles en matière de preuve qui, dans de tels cas, dissimulent souvent certains faits au jury. Pourtant, ceux-ci, une fois exposés, semblent pouvoir déterminer la culpabilité de l'accusé. L'une de ses règles interdit notamment de présenter au jury des déclarations de la victime au sujet de son assassinat, même si celles-ci sont faites à des témoins présents au chevet de sa mort, à moins que la victime n'ait expressément fait savoir qu'elle était mourante et qu'elle ait abandonné tout espoir de guérison avant de révéler les circonstances de sa mort ou les raisons qui l'ont provoquée. Cette règle a permis à plus d'un accusé coupable, sinon d'éviter entièrement, du moins de réduire la peine pour le crime qu'il avait indubitablement commis.

Carlyle Harris était issu d'une famille aisée, bénéficiant de tous les avantages d'une éducation raffinée. Dans sa vingt-deuxième année, juste après avoir brillamment obtenu son diplôme au Collège des médecins et chirurgiens de New York, il a été accusé et jugé pour le meurtre de Miss Helen Potts. Cette jeune fille charmante, brillante et talentueuse fréquentait le pensionnat pour jeunes filles dirigé par Miss Day, situé sur la 40ème rue à New York.

Harris rencontra Miss Potts pendant l'été 1889, et tout au long de l'hiver qui suivit, il lui accorda une attention particulière. Au printemps suivant, lors d'une visite à son oncle médecin, elle accoucha prématurément d'un enfant sans vie et fut contrainte, à ce moment-là, de révéler à sa mère qu'elle était secrètement mariée à Harris sous un faux nom, et que son mari étudiant lui avait pratiqué un avortement.

Harris fut convoqué. Il admit la véracité des déclarations de sa femme, mais refusa de rendre le mariage public. À partir de ce moment-là et jusqu'au jour du décès de sa fille, la malheureuse mère tenta tout pour convaincre Harris de reconnaître publiquement sa femme. Elle lui adressa finalement une missive datée du 20 janvier 1891, lui enjoignant : "Tu dois te présenter le 8 février, jour anniversaire de ton mariage secret, devant un ministre de l'Évangile et y faire célébrer un mariage chrétien — aucune autre issue ne saurait me satisfaire ni me réduire au silence."

Ce même jour, Harris passa commande chez un apothicaire de six capsules contenant chacune 4-1/2 graines de quinine et 1/6 de graines de morphine, et fit inscrire sur la boîte : "Étudiant C.W.H. Une capsule avant de se coucher." Miss Potts s'était plainte de maux de tête et Harris lui donna quatre de ces capsules comme prétendu remède. Il écrivit ensuite à Mme Potts qu'il accepterait ses conditions "à moins qu'un autre moyen ne soit trouvé pour satisfaire ses scrupules", avant de se rendre en toute hâte à Old Point Comfort. Lorsque sa femme lui confia que les capsules aggravaient son état au lieu de l'améliorer, il la persuada de tout de même continuer à les prendre. Le jour de sa mort, elle fit part à sa mère des maux causés par le médicament que Carlyle lui avait administré, allant jusqu'à menacer de jeter par la fenêtre la boîte contenant la dernière capsule. Sa mère la convainquit de prendre cette dernière capsule, ce qu'elle promit de faire. Miss Potts partageait sa chambre avec trois camarades de classe, parties ce soir-là à un concert symphonique. À leur retour, elles trouvèrent Helen endormie. Lorsqu'elles la réveillèrent, elle leur confia avoir fait "de si beaux rêves", rêvant de Carl. Elle se plaignit ensuite de se sentir engourdie et, effrayée, supplia ses amies de ne pas la laisser se rendormir. De nouveau, elle fit part de sa prise du médicament que Harris lui avait administré et elle demanda à ses amies si elles pensaient que celui-ci pouvait vouloir lui nuire. Elle sombra rapidement dans un coma profond, ne respirant qu'à intervalle irrégulier. Malgré les efforts des médecins pendant onze heures, elle ne reprit jamais connaissance, et cessa finalement de respirer.

L'autopsie, réalisée cinquante-six jours plus tard, ne révéla aucune anomalie apparente dans son corps. L'examen toxicologique de l'estomac révéla quant à lui la présence de morphine, mais pas celle de quinine, bien que les capsules, telles qu'elles avaient été préparées par l'apothicaire, contenaient vingt-sept fois plus de quinine que de morphine.

Cette découverte stupéfiante a donné lieu à une théorie d'accusation : Harris aurait vidé le contenu de l'*une* des capsules, aurait *remplacé* les 4-1/2 grains de quinine par une quantité mortelle de morphine (à l'œil nu, la quinine en poudre et la morphine sont

FRANCIS L. WELLMAN

identiques), puis aurait placé cette capsule mortelle dans la boîte avec les trois autres capsules inoffensives, toutes destinées à être prises chaque nuit. Il avait ensuite quitté la ville, ignorant quel serait le jour où il deviendrait un meurtrier.

Peu après la mort de sa femme, Harris se rendit chez un ami médecin et lui dit : "Je ne lui ai donné que quatre des six gélules que j'avais préparées ; *les deux restantes prouveront qu'elles sont parfaitement inoffensives. Aucun jury ne peut me condamner avec ces capsules en ma possession ; elles peuvent être analysées et il sera prouvé qu'elles sont inoffensives.*"

Elles *furent* en effet analysées et cela prouva que la prescription avait été correctement préparée. Mais souvent, les moyens utilisés par un criminel pour dissimuler son méfait sont ceux-là mêmes que la Providence emploie pour révéler le péché qui lui ronge l'âme. Harris n'avait pas prévu que la conservation même de ces capsules le ferait condamner. Miss Potts avait ingéré *tout* ce qu'il lui avait administré, et nul n'aurait pu garantir qu'il ne s'agissait pas simplement d'une grave méprise de l'apothicaire, si les capsules conservées n'avaient pas été soumises à une analyse. Lorsque Harris vida une capsule pour la remplir de morphine, il revêtit lui-même le rôle d'*apothicaire*.

Il fut en outre révélé que Harris n'avait jamais eu l'intention de reconnaître Helen Potts comme étant son épouse. Il apparut au procès que la raison pour laquelle il l'avait secrètement épousée, comme il l'avait reconnu lui-même au cours d'une conversation avec un ami, était "car il ne pouvait la détruire autrement". Il l'avait amenée à New York, l'avait épousée devant un échevin en utilisant des noms d'emprunt, puis avait immédiatement détruit la preuve de leur mariage, à savoir le faux certificat. Le jour où il se vit *forcé* de la reconnaître comme étant son épouse, il ourdit sa mort.

Le regretté juge, Frederick Smyth, présida le procès avec dignité et équité. L'accusé fut représenté avec brio par John A. Taylor, Esq. et William Travers Jerome, Esq., le procureur de New York.

L'ART DU CONTRE-INTERROGATOIRE

Le contre-interrogatoire du professeur Witthaus, éminent chimiste et témoin principal de l'accusation, mené par Me. Jerome, s'est avéré d'une redoutable efficacité. Pendant huit heures, l'avocat présenta une profusion de recherches et d'informations techniques, une démonstration rarement égalée dans nos tribunaux. Sans la détermination inébranlable du témoin, celui-ci aurait certainement succombé avant l'interrogatoire. La complexité ainsi que le temps consacré à cet interrogatoire le rendent difficilement réalisable, mais sa reproduction est vivement recommandée à tous les étudiants en contre-interrogatoire qui se trouvent confrontés à une tâche aussi éloignée des compétences habituelles de l'avocat que celle de la connaissance de la chimie.

La défense reposait entièrement sur des témoignages médicaux visant à semer le doute quant à la théorie selon laquelle la morphine était la cause du décès. Le contre-interrogatoire des témoins semblait suggérer que la mort était due à des causes naturelles telles qu'une maladie cardiaque, une tumeur cérébrale, une apoplexie, l'épilepsie ou l'urémie. Cependant, cette défense consistant en des hypothèses diverses s'est avérée être leur plus grande faiblesse. Peu à peu, ils durent renoncer à la plupart de ces hypothèses de décès, les réduisant à deux possibilités : l'empoisonnement par morphine ou l'empoisonnement par urémie. Cela réduisit également le dilemme à une question cruciale : la forte dose de morphine causa-t-elle le décès, ou bien une maladie rénale latente fut-elle exacerbée et révélée sous la forme d'un coma urémique par l'administration de petites doses de morphine, telles que le sixième de grain contenu dans les capsules de Harris ? La première théorie incriminait Harris, la seconde l'innocentait.

Helen Potts était décédée des suites d'un profond coma. Était-ce un coma dû à la morphine ou à une maladie rénale ? De nombreuses autorités médicales de la ville penchaient en faveur de la théorie de la morphine. En réponse, la défense appela un certain nombre de jeunes médecins, qui se distinguèrent depuis dans la profession, mais qui, à cette époque-là, manquaient de l'expérience nécessaire pour convaincre pleinement le jury. Me. Jerome réussit toutefois à obtenir les services d'un médecin qui, parmi tous ses confrères, semblait être le mieux qualifié. Ses trente années d'expérience hospitalière et l'ensemble de ses écrits lui conféraient l'autorité de s'exprimer sur le sujet.

Son témoignage principal s'appuyait en partie sur ses recherches approfondies sur le sujet et sur ce qui semblait être le consensus général de l'opinion professionnelle, et *"en grande partie sur sa propre expérience"*. Il affirma qu'aucun médecin ne pouvait distinguer le coma provoqué par morphine de celui provoqué par une maladie rénale. De plus, il souligna que si la mort pouvait être aussi bien attribuée à des causes naturelles qu'à l'ingestion d'un poison, selon les principes du droit pénal, le jury serait tenu d'accorder à l'accusé le bénéfice du doute et de le prononcer non coupable.

C'était là le tournant décisif du procès. Si l'un des jurés s'appuyait sur ce témoignage et y accordait toute sa foi — le témoin ayant justifié son opinion d'une manière très calme, aussi consciencieuse qu'impressionnante — aucune condamnation ne résulterait de cette affaire, et elle se solderait tout au plus par un désaccord du jury. Il était indéniable que Harris avait administré les capsules à son épouse, cependant, à moins que celle-ci ne soit décédée d'un empoisonnement à la morphine, il ne pourrait être incriminé pour sa mort.

Le contre-interrogatoire qui va suivre a été considérablement synthétisé et vous est rapporté en partie de mémoire. Il était évident que le témoin prendrait le dessus si le contre-interrogatoire portait sur des questions techniques. Il avait fait grande impression dans le tribunal. Toute la salle l'avait écouté avec un intérêt palpable. Il était nécessaire d'être précautionneux en traitant avec lui et, dans la mesure du possible, de le pousser à se contredire sur les sujets sur lesquels il était le moins préparé.

Le contre-interrogateur visait d'abord à trouver une faille avec la ferme intention de frapper vite et fort par la suite. Le premier coup manqua légèrement sa cible, mais le second déclencha les rires du jury et de l'assistance, plongeant le témoin dans la plus grande confusion. Les avocats de la défense semblèrent déstabilisés, si bien que deux heures avant l'heure prévue de l'ajournement, ils demandèrent à la cour de suspendre le procès jusqu'au lendemain.

L'avocat (calmement). Docteur, souhaitez-vous que le jury comprenne que Miss Helen Potts n'est pas décédée d'un empoisonnement à la morphine ?

Le témoin. Je ne peux pas l'affirmer.

L'avocat. Dans ce cas, de quoi est-elle décédée ?

Le témoin. Je ne peux pas déterminer avec précision la cause de son décès.

L'avocat. Il me semble que vous avez mentionné plus tôt que les symptômes de l'empoisonnement à la morphine ne peuvent être déterminés avec certitude. Est-ce exact ?

Le témoin. Je ne crois pas qu'ils puissent l'être avec certitude.

L'avocat. Veuillez confirmer devant l'assemblée que vous n'avez jamais diagnostiqué un cas d'empoisonnement à la morphine, sauf lorsque vous avez pratiqué l'autopsie pour exclure une maladie rénale.

Le témoin. Non. Je n'ai jamais affirmé cela.

L'avocat. Dans ce cas avez-vous déjà établi un diagnostic en vous appuyant uniquement sur les symptômes, oui ou non ? Je vous demande une réponse catégorique.

Le témoin (prudent). Je refuse de répondre de manière catégorique à cette question car le terme "diagnostiqué" est utilisé dans deux contextes différents. Lorsqu'on examine un cas, on établit ce qu'on appelle un "diagnostic préliminaire", et non un diagnostic définitif.

L'avocat. Quand remonte votre dernier diagnostic d'un cas d'empoisonnement à l'opium ou à la morphine ?

Le témoin. Je ne peux pas m'en souvenir.

L'avocat (percevant la faille). Je ne vous demande pas le nom du patient. Je vous demande de me communiquer sous serment une date, par exemple l'année, à laquelle votre remonte votre dernier examen.

Le témoin. Je pense que cela remonte à quelques années.

L'avocat. Combien d'années exactement ?

Le témoin (hésitant). Peut-être huit ou dix ans.

L'avocat. S'agissait-il d'un cas de décès par empoisonnement à la morphine ?

Le témoin. Oui, monsieur.

L'avocat. Y a-t-il eu une autopsie ?

Le témoin. Non, monsieur.

L'avocat. Comment avez-vous conclu qu'il s'agissait d'un décès dû à la morphine, alors que vous avez précédemment affirmé que de tels symptômes ne pouvaient être distingués ?

Le témoin. Un apothicaire m'avait informé que la femme avait ingéré sept grains de morphine.

L'avocat. Vous n'aviez établi aucun diagnostic avant de recevoir cette information de la part de l'apothicaire ?

Le témoin. J'avais commencé par placer le patient sous respiration artificielle.

L'avocat. Mais n'est-ce pas exactement ce que vous feriez dans un cas d'empoisonnement à la morphine ?

Le témoin (hésitant). "Oui, monsieur. J'avais en effet établi un diagnostic préliminaire.

L'avocat. Vous souvenez-vous d'un autre cas, avant celui-ci ?

Le témoin. Oui, je me souviens d'un autre cas.

L'avocat. De quand date-t-il ?

Le témoin. C'était il y a encore plus longtemps. La date m'échappe.

L'avocat. Approximativement, de combien d'années ?

Le témoin. De probablement quinze ans.

L'avocat. Y en a-t-il eu d'autres ?

Le témoin. Oui, un autre.

L'ART DU CONTRE-INTERROGATOIRE

L'avocat. Quand ?

Le témoin. Il y a vingt-ans.

L'avocat. Ces trois cas sont-ils les seuls dont vous vous souvenez ?

Le témoin. Oui, monsieur.

L'avocat (tentant sa chance). Est-ce que plus d'un de ces cas était dû à la morphine ?

Le témoin. Non, monsieur, seulement l'un d'eux.

L'avocat (jetant un regard triomphant au jury). Ainsi, vous n'avez eu qu'un seul cas d'empoisonnement à la morphine au cours des vingt dernières années ?

Le témoin (dans un murmure). Oui, monsieur, un seul dont je me rappelle.

L'avocat (enthousiaste). Êtes-vous prêt à affirmer, en tant que médecin de Philadelphie, que tous les médecins de New York ayant témoigné contre vous et qui ont affirmé avoir traité soixante-quinze cas similaires dans leur pratique, se sont trompés dans leurs diagnostics et leurs conclusions ?

Le témoin (embarrassé, dans un murmure). Oui, je le crois.

L'avocat. Vous n'avez eu connaissance du cas d'Helen Potts que plus d'un an après sa mort, n'est-ce pas ?

Le témoin. Oui, monsieur.

L'avocat. Vous avez eu connaissance du fait que ces médecins de New York l'ont traitée et ont observé ses symptômes pendant les onze heures précédant son décès ?

Le témoin. Oui, monsieur.

L'avocat. Pensez-vous réellement, avec votre unique expérience du même cas sur vingt ans, être en mesure de vous tenir ici et de contester la compétence de nos médecins à diagnostiquer un empoisonnement à la morphine ?

Le témoin (sans conviction). Oui, monsieur.

L'avocat. Vous avez affirmé que les symptômes d'un empoisonnement à la morphine ne peuvent pas être déterminés avec certitude, n'est-ce pas ?

Le témoin. Oui, monsieur.

L'avocat. Vous avez déclaré que cette opinion s'appuyait sur votre propre expérience, et il semble désormais que vous n'ayez observé qu'un seul cas similaire en vingt ans.

Le témoin. Je l'appuie également par mes recherches.

L'avocat (d'une voix presque méprisante). Vos recherches se limitent-t-elles à votre propre livre ?

Le témoin (contrarié). Non, monsieur, absolument pas.

L'avocat (calmement). Mais je présume que vous avez inclus dans votre propre livre les résultats de vos recherches, n'est-ce pas ?

Le témoin (avec une certaine appréhension). En effet, monsieur.

Il convient de souligner ici que les médecins ayant examinés Helen Potts avaient noté que les pupilles de ses yeux s'étaient contractées jusqu'à un point précis, presque indiscernables, et de manière *symétrique* — un symptôme constamment *associé* au coma causé par un empoisonnement à la morphine, le distinguant de toutes les autres causes de décès. En revanche, dans le coma dû à une maladie rénale, une pupille est dilatée et l'autre contractée, sans symétrie.

L'avocat (poursuivant). Permettez-moi de vous lire un extrait de votre propre livre, à la page 166, où vous affirmez : "J'ai estimé que l'inégalité des pupilles" — c'est-à-dire lorsqu'elles ne sont pas contractées symétriquement — "est la preuve qu'il ne s'agit pas d'un cas d'intoxication" — ou d'empoisonnement à la morphine — "*mais le professeur Taylor a documenté un cas d'empoisonnement à la morphine dans lequel cela* [la contraction non symétrique des pupilles] *s'est produit.*" Ma lecture est-elle bien correcte ?

Le témoin. Oui, monsieur.

L'avocat. Donc, avant que n'ayez connaissance du cas rapporté par le professeur Taylor, vous aviez toujours supposé que la contraction symétrique des pupilles des yeux était le symptôme distinctif de l'empoisonnement à la morphine, et c'est sur cela que vous fondez votre déclaration selon laquelle les médecins de New York ne pouvaient pas reconnaître avec certitude un empoisonnement à la morphine ?

Le témoin (ne réalisant pas l'importance de la question). Oui, monsieur.

Le témoin (d'une voix forte). Alors monsieur, avez-vous enquêté suffisamment sur ce cas pour découvrir que le patient du professeur Taylor avait *un œil de verre* ? [25]

Le témoin (confus). Je n'en ai aucun souvenir.

L'avocat. Cela semble récurrent pour vous. Vous feriez mieux de retourner à Philadelphie, monsieur.

Des éclats de rire retentirent dans l'assistance alors que l'avocat regagnait sa place et que le témoin quittait la salle d'audience. Relater à l'écrit l'impact produit par cet événement est difficile, mais le départ de ce témoin provoqua l'effondrement fatal de la défense, dont elle ne s'est jamais relevée.

* * * * *

Il est intéressant de noter qu'un an après la condamnation de Harris, le Dr Buchanan fut inculpé et jugé pour un crime similaire, l'empoisonnement de son épouse à la morphine.

Lors du procès du Dr Buchanan, il est apparu que, pendant l'interrogatoire des témoins médicaux du procès de Harris, et vraisemblablement du même témoin abordé plus haut, Buchanan avait dit à ses collègues : "Harris était idiot, il ne savait pas mélanger ses drogues. S'il avait ajouté un soupçon d'atropine à sa morphine, cela aurait dilaté au moins une des pupilles de sa victime, et cela aurait rendu impossible à tout médecin d'affirmer que la mort était due à la morphine."

Il a également été révélé lors du procès de Buchanan que, bien que de la morphine ait été retrouvée dans l'estomac, le sang et les intestins de sa femme, les pupilles de ses yeux n'étaient pas symétriquement contractées. Aucun diagnostic définitif n'avait pu être établi par les médecins traitants jusqu'à ce que la poursuite des examens toxicologiques du corps révèlent des preuves indiscutables de la présence d'atropine (belladone). Buchanan avait tiré avantage des révélations du procès Harris, mais avait commis l'erreur fatale de partager avec ses amis sa méthode pour tromper la science. Cette déclaration mit les chimistes sur leurs gardes et conduisit à la condamnation, puis à l'exécution de Buchanan.

Malgré la confirmation unanime de sa condamnation par la cour d'appel, Carlyle Harris a continué à clamer son innocence, même lorsqu'il prit calmement place sur la chaise électrique.

L'affaire de poison la plus célèbre en Angleterre, comparable aux affaires Harris et Buchanan, est celle du célèbre William Palmer, également médecin, qui a empoisonné sa compagne avec de la strychnine dans le but de lui extorquer de l'argent et rembourser ses paris sur les courses. Ce procès est relaté dans un chapitre ultérieur.

Palmer, tel Harris et Buchanan, était demeuré imperturbable tout au long de son procès et de son séjour en prison, dans l'attente de son exécution. Ce matin-là, il prit son habituel petit-déjeuner comme s'il se préparait pour un voyage. Conduit à la potence, on lui demanda au nom de Dieu, conformément à la tradition anglaise de l'époque, s'il était innocent ou coupable. Il garda le silence. La question lui fut posée à nouveau : "William Palmer, au nom de Dieu tout-puissant, êtes-vous innocent ou coupable ?" Au moment où un sac blanc venait lui recouvrir le visage, il murmura à voix basse : "Coupable", et le mécanisme s'enclencha avec fracas.

CHAPITRE XIII

L'AFFAIRE DE L'HOPITAL BELLEVUE

Le 15 décembre 1900, le journal New York World publia un article rédigé par le journaliste Thomas J. Minnock, relatant les actes de violence commis par des infirmiers du pavillon des aliénés de l'hôpital Bellevue. En tant que témoin oculaire, Minnock décrivit en détail comment ces actes avaient abouti à la mort par strangulation d'un patient français nommé Hilliard. Le patient avait été admis à l'hôpital dans l'après-midi du mardi 11 décembre, présentant des symptômes de manie alcoolique. Outre cela, son état de santé semblait être normal. Vingt-six heures plus tard, soit le mercredi 12 décembre, il rendait son dernier souffle. Une autopsie fut réalisée, révélant plusieurs contusions au niveau du front, du bras, de la main et de l'épaule, ainsi que trois côtes cassées, un os hyoïde (l'os soutenant la langue) brisé et une hémorragie des voies respiratoires. La conclusion du médecin légiste fut que la strangulation était la cause du décès. Le journaliste Minnock affirmait se trouver sur les lieux ce jour-là, après avoir feint des symptômes de folie dans le but journalistique d'infiltrer Bellevue. À sa sortie de l'hôpital, il rapporta avoir assisté à l'étranglement du patient Français par ses infirmiers, qui avaient utilisé un drap enroulé étroitement autour de son cou. Les articles rédigés par Minnock relataient les évènements ayant conduit à mort de Hilliard comme suit :

"Mercredi soir, au moment du dîner, alors que M. Hilliard, le Français, refusait obstinément de toucher à son repas, l'infirmier Davis se précipita en sa direction. Hilliard tenta de s'échapper en courant autour de la table, mais les deux autres infirmiers, Dean et Marshall, le rattrapèrent rapidement, le maîtrisèrent et le forcèrent à s'asseoir sur un banc. Davis leur exigea de lui rapporter un drap et l'un des deux autres, dont je ne me souviens plus du nom, s'exécuta. Avec une froide détermination, Davis enroula le drap autour du cou de Hilliard à la manière d'une corde. Pendant ce temps-là, Dean se tenait derrière le banc. Il attrapa les extrémités du drap, resserrant fermement le tissu autour du cou de Hilliard, avant de tordre les extrémités autour de sa main. Une vague d'horreur m'avait submergé. J'avais lu de nombreux articles sur cette pratique de la garrotte, vu des images de son utilisation barbare dans d'autres pays, mais je réalisais soudain que là, devant mes yeux, se déroulait l'étranglement. Davis continuait de tordre les extrémités du drap entre ses mains, tandis qu'il exerçait une pression implacable de son genou, pesant de tout son poids sur le dos de Hilliard. Les yeux du pauvre homme avaient commencé à sortir de leurs orbites ; une vision qui m'avait retourné l'estomac, mais je ne pouvais détacher mon regard de la scène macabre. Les mains de Hilliard s'agrippaient désespérément au tissu qui lui enserrait le cou. 'Retenez-lui donc les mains, ne pouvez-vous pas ?' avait crié Davis avec fureur. Dean et Marshall avaient alors attrapé les mains du patient pour les maintenir fermement pendant que Davis, sans nulle merci, continuait à tordre le drap autour de son cou. Le visage de Hilliard prenait une teinte de plus en plus sombre, la langue pendante. C'est à ce moment-là que Marshall prit peur. 'Lâchez-le, il devient tout noir', dit-il à Davis. Davis desserra quelque peu sa prise, à contrecœur. Cela accorda quelques brèves secondes de répit à Hilliard. Le drap était toutefois toujours étroitement serré autour de son cou. 'Vas-tu manger maintenant ?', tonna Davis. 'Non', haleta l'aliéné. Davis, pris de fureur, rugit : 'Eh bien, je vais te faire manger ; je vais t'étouffer jusqu'à ce que tu manges !' Et il recommença à tordre le drap. La tête de Hilliard serait retombée sur sa poitrine si Davis ne l'avait pas maintenue. Son visage s'assombrissait de nouveau. Pris de panique une seconde fois, ils cessèrent de tordre le drap. Davis gardait toutefois une prise ferme sur le tissu. Il fallut quelques minutes avant que Hilliard ne reprenne ses esprits. Lorsqu'il y parvint enfin, Davis lui demanda de nouveau s'il allait manger. Hilliard avait juste assez de souffle pour murmurer faiblement : 'Non'. Je pensais qu'il était en train de rendre l'âme. Davis tordit à nouveau le drap en s'écriant : 'Soit il va manger, soit je vais l'étouffer jusqu'à ce que mort s'ensuive !' Il tordit et retordit le tissu, me donnant l'impression qu'il allait briser le cou du pauvre homme. Hilliard finit par perdre connaissance. Davis le projeta au sol, et vint s'asseoir sur son corps, son genou fermement pressé contre son cou accentuant l'étranglement. Il continua à tordre le drap jusqu'à ce que ses doigts deviennent douloureux. Les trois infirmiers traînèrent ensuite le corps inerte jusqu'à la salle de bain, le jetèrent dans la baignoire tout habillé et le couvrirent d'eau froide. Je crois qu'il était déjà mort. Il avait été étranglé à mort, et le coup de grâce lui avait été porté alors qu'il gisait à terre. Aucun homme grand, fort et en bonne santé n'aurait pu survivre à un tel étranglement. Hilliard était faible et fragile."

Cet article fut publié dans le *Journal* matinal quelques jours après sa parution initiale dans le *New York World*. Les autres journaux locaux reprirent également rapidement l'affaire, provoquant une grande agitation publique et une indignation généralisée. Les trois infirmiers responsables du pavillon des aliénés au moment du décès de Hilliard furent immédiatement inculpés d'homicide. L'infirmier en chef, Jesse R. Davis, fut quant à lui, jugé devant la Cour des sessions générales, présidée par le juge Cowing et devant un jury "spécial". Le procès dura trois semaines et, après cinq heures de délibération, l'accusé fut acquitté.

L'intérêt pour cette affaire, tant du grand public que de la communauté médicale, s'intensifia lorsque, pour la première fois dans les tribunaux pénaux de ce pays, deux détenus du pavillon des aliénés, reconnus comme aliénés eux-mêmes, furent cités par l'accusation, prêtèrent serment et furent reconnus comme témoins à charge par le tribunal. L'un de ces témoins souffrait de paranoïa, tandis que l'autre était atteint de parésie générale. À l'exception du témoignage des aliénés et des conclusions de l'autopsie apportées par le témoin médical, il n'existait aucune preuve directe susceptible de condamner l'accusé, à l'exception du récit du journaliste Minnock.

Il était le seul témoin sain d'esprit cité par l'accusation, et avait été un observateur direct des événements. La question principale de l'affaire se réduisit progressivement à déterminer qui, du journaliste ou de l'accusé, était crédible, chaque témoignage étant soutenu ou contesté par divers autres témoins.

Si le jury s'appuyait sur le témoignage de Minnock, les arguments de l'accusé seraient naturellement discrédités. L'indignation et l'excitation du public étaient telles que le jury était particulièrement enclin à croire le récit rapporté par le journaliste dans le journal. Par conséquent, le contre-interrogatoire de Minnock revêtait une importance capitale. Il était impératif de briser l'impact de son témoignage, et l'avocat chargé de son contre-interrogatoire avait minutieusement préparé cette tâche. Des extraits de ce contre-interrogatoire sont présentés ici pour illustrer plusieurs des suggestions de contre-interrogatoires abordés dans les chapitres précédents.

Le procureur chargé de l'accusation était Franklin Pierce, Esq. Dans son discours d'ouverture au jury, il affirma qu'aucun jury, dans l'histoire de l'État ou même du pays, n'avait jamais été confronté à une affaire aussi cruciale que celle soumise à leur jugement. Il poursuivit en disant : "Cette affaire n'est pas fictive — il ne s'agit pas d'un roman à sensation. Les faits dépassent tout ce que la fiction pourrait imaginer. Les témoins s'apprêtent à décrire les traitements les plus épouvantables jamais infligés à des patients atteints de troubles mentaux. Aucun écrivain n'aurait osé en faire la description dans son livre. Ces actes semblent si inconcevables et monstrueux que tout manuscrit les relatant aurait été rejeté dès sa soumission à un éditeur."

Lorsque le journaliste, Minnock, se présenta à la barre des témoins, la salle d'audience était bondée, mais l'intérêt était tel que chaque mot prononcé par le témoin pouvait être entendu distinctement par toutes les personnes présentes. Il fit son témoignage principal avec une sérénité et une clarté remarquables, ne montrant aucun désir autre que celui de relater fidèlement les détails du crime qu'il avait observé. Pour quiconque ignorant son passé, il semblait être un homme exceptionnellement intelligent, manifestement honnête et courageux, possédant une mémoire vive et endossant fièrement la position d'importance qu'il occupait aux yeux du public en révélant les horreurs commises dans nos hôpitaux publics.

Son témoignage principal était essentiellement une version beaucoup plus détaillée de son article de journal. Après l'avoir interrogé pendant près d'une heure, le procureur avait regagné son siège avec assurance, déclarant : "Le témoin est à vous, si vous souhaitez le contre-interroger."

Quiconque n'a jamais vécu cette expérience ne peut saisir l'excitation nerveuse qui accompagne le fait d'être chargé de contre-interroger le témoin principal dans une affaire où la vie ou la liberté d'un individu est en jeu. Si Minnock venait à surmonter ce contre-interrogatoire, l'infirmier Davis, qui apparaissait tel qu'un jeune homme respecté et distingué fraîchement diplômé de l'école d'infirmiers de Mills et s'apprêtant à épouser une jeune femme d'une grande respectabilité, risquait de passer les vingt prochaines années de sa vie derrière les barreaux, condamné aux travaux forcés dans une prison d'État.

Les quinze premières minutes du contre-interrogatoire furent consacrées à établir que le témoin était un homme instruit âgé de vingt-cinq ans, diplômé du Saint John's College à Fordham, New York, de la Sacred Heart Academy, du Francis Xavier, et de la De Lasalle Institution, et qu'il avait parcouru l'Europe et l'Amérique. Le contre-interrogatoire s'amorça ensuite :

L'avocat (aimable). M. Minnock, je crois savoir que vous avez rédigé votre autobiographie et que vous l'avez publiée dans le Bridgeport

Sunday Herald pas plus tard qu'en décembre dernier ? J'ai cet article en ma possession.

Le témoin. Ce n'est pas exactement mon autobiographie.

L'avocat. L'article est signé de votre nom et prétend relater le récit de votre vie.

Le témoin. C'est un récit imaginaire qui traite de l'hypnose. En partie de la fiction, mais inspirés de faits réels.

L'avocat. Vous voulez dire que vous avez mêlé des éléments de fiction à des faits réels en racontant le récit de votre vie ?

Le témoin. Oui, monsieur.

L'avocat. En d'autres termes, vous avez embelli les faits avec de la fiction pour les rendre plus captivants ?

Le témoin. Tout à fait.

L'avocat. Lorsque vous écrivez, par exemple, que vous avez fui avec un cirque à l'âge de douze ans, est-ce une exagération ?

Le témoin. Oui, monsieur.

L'avocat. Ce n'était pas la vérité ?

Le témoin. Non, monsieur.

L'avocat. Vous décrivez votre séjour avec ce cirque pendant plus d'un an, avec lequel vous vous êtes rendus en Belgique. Bien qu'il y ait une part de vérité dans cette histoire car vous vous êtes effectivement rendue en Belgique, ce n'était pas en tant que clown avec ce cirque, n'est-ce pas ?

Le témoin. Oui, monsieur.

L'avocat. Il y avait donc une part de vérité dans tout ce récit fictif ?

Le témoin. Oui, monsieur.

L'avocat. Vous prétendez avoir rencontré Charcot, le célèbre hypnotiseur parisien, lors de votre séjour en Belgique, cela était-il vrai ?

Le témoin. Non, monsieur.

L'avocat. Vous saviez que Charcot était un pionnier de l'hypnotisme en France, n'est-ce pas ?

Le témoin. Oui, je connaissais sa renommée.

L'avocat. Comment expliquez-vous alors que dans cet article du récit de votre vie, vous affirmait avoir rencontré Charcot à l'hôpital général de Paris si cela n'était pas vrai ?

Le témoin. J'ai effectivement rencontré quelqu'un qui se faisait appeler Charcot à ce même endroit.

L'avocat. Ah, je vois.

Le témoin. Mais ce n'était pas le Charcot célèbre.

L'avocat Pouvez-vous nous dire qui était cette personne que vous avez rencontrée ?

Le témoin. Une femme. Elle se faisait appeler Madame Charcot.

L'avocat. Donc, lorsque vous avez écrit dans votre article que vous aviez rencontré Charcot, vous prétendiez qu'il s'agissait du célèbre professeur Charcot mais cela était en partie vrai, puisque vous aviez réellement rencontré une personne portant ce nom ?

Le témoin. Tout à fait.

L'avocat (calmement). En d'autres termes, il y avait une part de vérité ?

Le témoin. Oui, monsieur.

L'avocat. Lorsque vous écrivez dans votre article que Charcot vous a enseigné à supporter la douleur, est-ce en partie vrai ?

Le témoin. Non.

L'avocat. Avez-vous réellement appris à supporter la douleur ?

Le témoin. Non.

L'avocat. Lorsque vous prétendez dans votre article que Charcot vous a habitué à la douleur en vous plantant progressivement des épingles et des couteaux, était-ce de la fiction ?

Le témoin. Oui, monsieur.

L'avocat. Et lorsque vous affirmez que Charcot vous a appris la réduction de la fréquence respiratoire à deux respirations par minute pour rendre votre corps insensible à la douleur, était-ce de la fiction ?

Le témoin. De la pure fiction.

Le juge (interrompant). Maître, je vous arrête ici. Le témoin a lui-même admis que son récit, bien qu'inspiré de certains faits réels, était largement fictif. Vous êtes autorisé à poursuivre, mais je vous demande de ne pas continuer dans cette direction.

L'avocat. Votre Honneur, je crains que vous ne saisissiez pas pleinement le point que je soulève.

Le juge. Je le crains aussi.

L'avocat. Permettez-moi de clarifier. Cette accusation découle d'un article de journal rédigé par le témoin et publié dans le *Journal* du matin. La défense soutient que cet article était largement fictif, avec certaines parts de vérités. Le témoin lui-même a admis que son autobiographie, parue il y a seulement quelques mois, mêlait les faits et la fiction, et était largement fictive. Ne serait-il pas éclairant pour le jury d'entendre du témoin lui-même dans quelle mesure il a embelli le récit de sa vie, afin qu'il puisse en déduire la crédibilité de l'article à l'origine de ces accusations ?

Le juge. Je vous autorise à interroger le témoin sur l'article de journal pour lequel cette affaire est concernée, mais je rejette toutes les questions relatives à son autobiographie.

L'avocat. N'apparaissez-vous pas photographié dans l'article de votre autobiographie avec vos lèvres et vos oreilles cousues afin de prouver votre insensibilité à la douleur ?

Le juge. Question rejetée.

L'avocat. N'avez-vous pas, dans votre prétendue autobiographie, fait publier une photographie de vous sur une croix, les pieds et poings liés, affirmant être insensible à la douleur grâce à l'enseignement du professeur Charcot ?

Le juge. Question rejetée.

L'avocat. Je soumets ces photos et articles comme pièces à conviction.

Le juge. (brusquement) Rejeté.

L'ART DU CONTRE-INTERROGATOIRE

L'avocat. Dans l'article que vous avez rédigé pour le *New York Journal*, décrivant les événements de cette affaire pour lesquels vous venez de témoigner, vous êtes-vous représenté en image comme un patient aliéné, avec un drap autour de votre cou, retenu par les mains d'un infirmier de l'hôpital vous étranglant à mort ?

Le témoin. J'ai rédigé l'article, mais je n'ai pas posé pour cette photographie. La personne apparaissant sur l'image me ressemblait simplement.

L'avocat. (se rapprochant du témoin et lui tendant l'article de journal). La légende de cette image, "C'est ainsi que je l'ai vu faire", signée Thomas J. Minnock, n'est-elle pas de votre écriture ?

Le témoin. En effet, monsieur, il s'agit bien de mon écriture.

L'avocat. Pour revenir à votre autobiographie, combien d'articles fictifs avez-vous rédigés pour les journaux du pays ?

Le témoin. Un seul.

L'avocat. Vous avez écrit plusieurs articles pour des journaux new-yorkais, n'est-ce pas ?

Le témoin. Il s'agit de mon article initial. Il a été modifié depuis, voilà tout.

L'avocat. Vous avez, à chaque reprise, signé les articles et les avez proposés aux journaux en percevant une rémunération, n'est-ce pas ?

Le juge. Rejeté.

L'avocat (changeant brusquement de ton et se tournant vers le public d'une voix forte). Est-ce que le chef de police de Bridgeport, Connecticut, est présent dans cette salle d'audience ? (Se tournant vers le témoin) M. Minnock, le reconnaissez-vous ?

Le témoin. Oui, je le reconnais.

L'avocat. Veuillez dire au jury quand vous l'avez rencontré pour la première fois.

Le témoin. C'était lors de mon arrestation à l'hôtel Atlantic, à Bridgeport, Connecticut, avec mon épouse.

L'avocat. Était-elle votre épouse à ce moment-là ?

Le témoin. Oui, monsieur.

L'avocat. Elle avait seulement seize ans, n'est-ce pas ?

Le témoin. Dix-sept ans, je crois.

L'avocat. Vous avez été arrêté pour avoir tenté de droguer cette jeune fille de seize ans et pour avoir tenté de l'enlever pour l'emmener à New York. Contestez-vous ces allégations ?

Le témoin (obstiné). J'ai été arrêté.

L'avocat (brusquement). La raison de votre arrestation est celle que j'ai énoncé ? Répondez par oui ou par non !

Le témoin (hésitant). Oui, monsieur.

L'avocat. Le procureur, F. A. Bartlett, vous a accordé la libération sans procès à condition que vous quittiez l'État, est-ce correct ?

Le témoin. Je ne me souviens pas de cela.

L'avocat. Vous le contestez ?

Le témoin. Oui, je le conteste.

L'avocat. Un autre jeune homme était-il présent lors de cette arrestation ?

Le témoin. Oui. Un camarade d'université.

L'avocat. Était-il également marié à cette jeune fille de seize ans ?

Le témoin ne répond pas.

L'avocat (fixant le témoin). Était-il également marié à cette jeune fille ?

Le témoin. Non, voyons.

L'avocat. Vous affirmez avoir été marié avec elle. Pouvez-vous me donner la date de votre mariage ?

Le témoin (hésitant). Je ne me souviens pas de la date.

L'avocat. Quand l'avez-vous épousé ?

Le témoin. Je ne me souviens pas.

L'avocat. Quand était-ce ?

Le témoin. Je ne sais pas.

L'avocat. Selon vous, vous l'avez épousé il y a combien d'années ?

Le témoin. Je ne me souviens pas.

L'avocat. Essayez de vous souvenir. Il s'agit de votre mariage.

Le témoin. Je me suis marié à deux reprises. Un mariage civil et un mariage à l'église.

L'avocat. Je vous parle de Miss Sadie Cook. Quand avez-vous épousé Miss Sadie Cook et où votre mariage est-il répertorié ?

Le témoin. Je vous dis que je ne me souviens pas.

L'avocat. Essayez de vous souvenir.

Le témoin. Peut-être il y a cinq ou six ans, ou même sept ou dix ans.

L'avocat. Donc vous ne pouvez pas vous souvenir précisément de votre mariage datant de peut-être cinq ans, alors même que nous n'avez que vingt-cinq ans aujourd'hui ?

Le témoin. Je ne me souviens pas.

L'avocat. Étiez-vous mariée à l'âge de quinze ans ?

Le témoin. Je ne pense pas.

L'avocat. Vous savez pourtant que votre mariage a eu lieu bien après l'arrestation à Bridgeport que j'ai mentionnée, n'est-ce pas ?

Le témoin. Je ne le sais nullement.

L'avocat (déterminé). Vous le contestez ?

Le témoin (hésitant). Eh bien, non, je ne le conteste pas.

L'avocat. Je vous présente maintenant ce qui est supposé être votre certificat de mariage, datant de trois ans. La date est-elle correcte ?

Le témoin. Je ne l'avais jamais vu auparavant.

L'avocat. Le certificat rapporte-t-il correctement la date, le lieu et les circonstances de votre mariage ?

Le témoin. Je refuse de répondre à cette question au motif que cela pourrait incriminer ma femme.

La défense reposait sur l'allégation selon laquelle le témoin, Minnock, avait fabriqué de toute pièce l'histoire qu'il avait publiée dans le journal et qu'il avait soutenu sous serment devant le grand jury lors du procès. Le contre-interrogatoire visait à démontrer qu'il était tout à fait capable d'inventer une telle histoire afin de la vendre aux journaux, puis de la maintenir sous serment devant le tribunal lorsque cela était nécessaire.

L'avocat avait ensuite mis en lumière de nombreux faits tendant à prouver que le journaliste avait été le témoin d'adultère dans des affaires de divorce, témoignant pour les deux parties dans la même affaire, d'abord du côté de l'accusation puis de la défense. Les personnes qu'il avait prétendument volées, fait chanter et trompées aux cartes ont été appelées une à une dans la salle d'audience, confrontant ainsi le témoin à ces accusations. Il les contesta toutes devant ses accusateurs. Bien que le juge président ait averti l'avocat contre toute tentative de contredire le témoin sur ces questions secondaires, il avait autorisé la confrontation entre le témoin et ses accusateurs présumés. À la suite de cela, Minnock reprit immédiatement son attitude provocante habituelle.

Les questions suivantes posées au témoin révélèrent qu'il avait feint la folie afin d'être transféré à Ward's Island depuis Bellevue, dans l'espoir d'être ensuite libéré pour pouvoir écrire des articles sensationnels sur ses expériences dans les asiles publics pour aliénés. Elles révélèrent également qu'à Bellevue, le Dr. Fitch l'avait désigné comme étant un imposteur et qu'il avait été conduit devant un magistrat de police, où il avait déclaré publiquement que tout ce qu'il avait observé à Bellevue était "plus satisfaisant que qu'il pensait" et qu'il n'avait " aucune plainte à formuler et aucune critique à faire".

Par la suite, l'attention du témoin fut détournée du sujet principal par des questions concernant des conversations qu'il aurait eues avec différents infirmiers pendant son séjour à l'asile, toutes lesquelles il nia. Les questions étaient formulées de manière à ce qu'il ne puisse répondre que par "oui" ou par "non". Se rapprochant progressivement de l'objectif recherché, les questions suivantes furent posées :

L'avocat. Avez-vous discuté avec l'infirmier Gordon de la raison pour laquelle vous aviez choisi de vous faire interner en tant que patient aliéné, et avez-vous expliqué à ce moment-là que vous étiez journaliste, sous contrat avec un journal dominical pour écrire un article sur les pratiques de l'asile, mais que ce contrat avait été rompu ?

Le témoin. Non.

L'avocat. Avez-vous eu cette conversation en d'autres termes ?

Le témoin. Non.

L'avocat. Je vous parle d'une conversation ayant eu lieu après votre sortie de l'asile, lorsque vous y êtes retourné pour récupérer vos affaires. Ce jour-là, avez-vous donc dit à l'infirmière Gordon que vous espériez pouvoir écrire un article pour lequel vous seriez payé 140 dollars ?

Le témoin. Non.

L'avocat. L'infirmier vous a-t-il dit : "Vous avez été dupé cette fois-ci, n'est-ce pas ?" Et avez-vous répondu: "Oui, mais je vais essayer d'écrire quelque chose pour régler mes affaires avec eux." ?

Le témoin. Je n'en ai aucun souvenir.

L'avocat. Avez-vous eu cette conversation en d'autres termes ?

Le témoin. Non.

Toutes ces questions ne visaient qu'à introduire la prochaine question cruciale.

L'avocat (calmement). À ce moment-là, saviez-vous, ou aviez-vous la moindre idée de ce que vous alliez écrire en retournant aux bureaux du *Herald*?

Le témoin. Je savais qu'il n'y avait rien à écrire.

L'avocat. À ce moment-là, saviez-vous ce que vous alliez écrire à votre sortie ?

Le témoin. Est-ce que je le savais à ce moment-là ? *Voyez-vous, je savais qu'il n'y avait rien à écrire.*

L'avocat (s'avançant avec détermination vers le témoin en le pointant du doigt). Alors même que vous aviez vu un homme être étranglé à mort avec un drap dans la nuit du mercredi, vous saviez le vendredi matin qu'il n'y avait rien à écrire ?

Le témoin (hésitant). Je ne savais pas que l'homme était décédé.

L'avocat. Alors même que vous aviez vu le patient s'effondrer, inconscient, à plusieurs reprises après avoir été étranglé avec un drap, vous saviez qu'il n'y avait rien à écrire ?

Le témoin. Je considérais qu'il était de mon devoir de rapporter ce que j'avais vu au commissaire.

L'avocat. Vous étiez un journaliste infiltré dans un asile, votre intention était d'écrire un article sur le sujet. Souhaitez-vous revenir sur ce que vous avez dit plutôt, c'est-à-dire que vous saviez qu'il n'y avait rien à écrire ?

Le témoin. Certainement pas. Je ne savais pas que l'homme était décédé.

L'avocat. N'avez-vous pas déclaré que le jour suivant l'incident auquel vous avez assisté, où le patient a été étranglé jusqu'à en perdre connaissance, vous avez entendu un infirmier contacter la morgue au sujet de l'autopsie ?

*Le témoin (*visiblement gêné*).* Eh bien, l'histoire pour laquelle j'étais sous contact avec le Herald avait été annulée.

L'avocat. N'est-il pas vrai qu'à peine quelques heures après votre sortie de l'hôpital, le samedi après-midi, vous avez lu le compte rendu de l'autopsie dans le journal, puis immédiatement rédigé l'article décrivant l'étranglement du patient décédé auquel vous avez assisté, avant de proposer l'article au *New York World* ?

Le témoin. Oui, c'est exact monsieur.

L'avocat. Vous affirmez qu'il était de votre devoir de vous rendre chez le commissaire pour lui rapporter ce que vous aviez vu. L'avez-vous fait ?

Le témoin. Non, pas avant d'avoir appris dans le journal que l'homme était décédé.

L'avocat. Au lieu de cela, vous vous êtes rendus au *World* et leur avez proposé votre histoire, décrivant en détail les événements de la mort de Hilliard ?

Le témoin. Oui.

L'avocat. Vous avez fait cela dans les trois ou quatre heures suivant votre lecture du compte rendu de l'autopsie dans le journal ?

Le témoin. Oui.

L'avocat. Les éditeurs du *World* ont-ils d'abord rejeté votre histoire, en vous demandant une déclaration sous serment ?

Le témoin. Oui.

L'avocat. Avez-vous fait cette déclaration sous serment ?

Le témoin. Oui.

L'avocat. Le soir même de votre sortie de l'hôpital ?

Le témoin. Oui.

L'avocat. Vos souvenirs des évènements étaient donc encore frais, n'est-ce pas ?

Le témoin (hésitant). Veuillez m'excuser ?

L'avocat. À ce moment-là, vos souvenirs des événements à l'hôpital étaient-ils encore frais ?

Le témoin. Eh bien, pas plus frais qu'ils ne le sont aujourd'hui.

L'avocat. Vos souvenirs étaient donc aussi frais qu'ils le sont aujourd'hui ?

Le témoin. Oui, monsieur.

L'avocat (marquant une pause, consultant ses notes, attrapant une feuille et s'approchant du témoin pour la lui tendre). Prenez cette déclaration sous serment que vous avez fait ce soir-là, et que vous avez vendue au *World*, et montrez-moi où il est mentionné que Davis a étranglé le patient français avec un drap, de la même manière que vous l'avez décrit aujourd'hui au jury.

Le témoin (refusant de prendre la feuille). C'est inutile, car je ne crois pas que c'est mentionné.

L'avocat (d'une voix forte). Vous ne *croyez* pas ? Non, vous *savez* que ce n'est pas mentionné !

Le témoin (nerveusement). Oui, monsieur, ce n'est pas mentionné.

L'avocat. L'aviez-vous oublié au moment de faire votre déclaration sous serment ?

Le témoin. Oui, monsieur.

L'avocat (d'une voix forte). Vous l'aviez oublié alors même que, seulement trois jours plus tôt, vous aviez vu un homme se faire étrangler à mort avec un drap, vous l'aviez oublié alors même que vous aviez rédigé votre article à ce sujet et votre déclaration sous serment au *World* ?

Le témoin (hésitant). J'ai fait deux déclarations sous serment. Je crois que c'est mentionné dans la seconde déclaration sous serment.

L'avocat. Répondez à mes questions, Mr. Minnock Est-ce que l'aviez oublié dans votre première déclaration sous serment pour le *World* ?

Le témoin. Je l'avais oublié.

L'avocat (brusquement). Quand vous en êtes-vous souvenu ?

Le témoin. Je m'en suis souvenu avant de faire ma seconde déclaration sous serment pour le médecin légiste.

L'avocat. Quand l'avez-vous fait ?

Le témoin. Quelques jours après, le lendemain ou le surlendemain.

L'avocat (consultant ses notes et s'approchant de nouveau du témoin). Prenez cette déclaration sous serment que vous avez fait au médecin légiste, et montrez-moi où il est mentionné qu'un drap a été utilisé pour étrangler le patient.

Le témoin (refusant de prendre la feuille). Je ne suis pas sûr que ce soit mentionné.

L'avocat. Ce n'est pas mentionné ?

Le témoin (refusant toujours de prendre la feuille). Je ne sais pas.

L'avocat. Lisez-la attentivement.

Le témoin (lisant). Je n'y trouve aucune mention à ce sujet.

L'avocat. Aviez-vous oublié de le mentionner à ce moment-là également ?

Le témoin (confus). Je crois que oui.

L'avocat. Voulez-vous faire croire au jury qu'après avoir été témoin de cette scène macabre que vous avez décrite en détail, que vous l'aviez oubliée et à deux reprises ne l'avez pas mentionné sous serment ?

Le témoin. Je ne m'en suis pas souvenu.

L'avocat. Vous avez déjà témoigné pour cette affaire, n'est-ce pas ?

Le témoin. Oui, monsieur.

L'avocat. Auprès du médecin légiste ?

Le témoin. Oui, monsieur.

L'avocat. Pourtant, vous ne vous êtes pas souvenu de l'incident du drap ?

Le témoin. Non.

L'avocat (attrapant le procès-verbal du sténographe durant le témoignage du médecin légiste). Vous souvenez-vous avoir témoigné pendant deux heures auprès du médecin légiste sans mentionner l'incident du drap, puis avoir été excusé et absent du procès pendant plusieurs jours avant de revenir et de révéler les détails concernant cet incident ?

Le témoin. Oui, je m'en souviens.

L'avocat. Pourquoi n'avez-vous pas révélé les détails de l'incident du drap lors de votre premier témoignage ?

Le témoin. Eh bien, je ne m'en suis pas souvenu. Je l'avais oublié.

L'avocat. Vous souvenez-vous avoir demandé, avant d'entamer votre témoignage auprès du médecin légiste, de relire la déclaration sous serment que vous aviez fait au *World* ?

Le témoin. Oui, j'étais souffrant et j'avais besoin de me rafraîchir la mémoire.

L'avocat. Voulez-vous dire que les évènements que vous avez décrits avec tant d'aisance aujourd'hui s'étaient effacés de votre mémoire à ce moment-là et que vous aviez eu besoin de relire votre déclaration sous serment pour vous en souvenir ?

Le témoin. Non. J'avais juste besoin de rafraîchir ma mémoire.

L'avocat. N'était-ce pas plutôt que vous aviez inventé le récit de votre déclaration sous serment de toute pièce et que vous aviez besoin de le relire pour vous souvenir de l'histoire que vous aviez fabriquée ?

Le témoin. Non, monsieur, c'est faux.

L'extrait suivant, tiré de la conclusion du contre-interrogatoire, illustre parfaitement la pertinence des questions posées et la manière dont les réponses ont été exploitées tout au long de l'interrogatoire :

"Messieurs les jurés, permettez-moi d'exposer mon point de vue, qui demeure sans réfutation, Monsieur le Procureur : Si Minnock, fraîchement sorti de l'asile, a oublié cet incident lorsqu'il est allé vendre son premier article de journal au *World*, s'il l'a également omis lorsqu'il s'est rendu chez le médecin légiste deux jours plus tard pour faire sa deuxième déclaration sous serment, et s'il l'a encore oublié deux semaines plus tard lorsqu'il a témoigné pendant deux heures sans le mentionner, et s'il ne s'en est souvenu que lorsqu'il a été rappelé deux jours plus tard, alors il n'y a qu'une seule conclusion possible : *il ne l'a jamais vu, car il n'aurait pas pu l'oublier s'il l'avait réellement vu* ! L'élément crucial à prendre en compte ici est que Minnock était un journaliste ; il était présent à l'asile, comme le souligne le procureur, "pour observer ce qu'il s'y passait". Il affirme avoir été présent dans la pièce au moment de l'incident, feignant de débarrasser la vaisselle pour observer ce qu'il se passait. Il était sain d'esprit, le seul homme sain d'esprit présent. S'il n'a pas vu l'incident, alors c'est qu'il n'a pas eu lieu, et s'il n'a pas eu lieu, les patients aliénés qui prétendent l'avoir vu ne peuvent pas être crédibles. Comprenez-vous ce que cela signifie ? Pouvez-vous contredire cette logique ? Permettez-moi d'insister. Il est inconcevable que cet homme ait pu être témoin d'un événement aussi marquant que celui qu'il décrit aujourd'hui et qu'il ait pu l'oublier un jour. Il l'a oublié lorsqu'il a écrit son article le soir de sa sortie de l'asile et l'a vendu au *World* ! Il l'a oublié deux jours plus tard lorsqu'il a fait sa seconde déclaration sous serment ! Il témoigne même auprès du médecin légiste deux semaines plus tard sans en parler. Le simple bon sens nous indique que s'il avait véritablement été témoin de cet incident, il ne l'aurait jamais oublié. S'il peut oublier l'avoir vu, alors l'incident n'a jamais eu lieu. Il était présent sur les lieux, sain d'esprit, observant tout ce qui l'entourait dans *le seul but de rapporter les faits dans un article.* Par conséquent, si cet incident n'a pas eu lieu, les témoins aliénés *ne peuvent pas* l'avoir vu et ne peuvent être considérés comme crédibles. Cela discrédite non seulement Minnock, mais également toute l'accusation. Pour que vous puissiez conclure lors de votre verdict que l'incident du drap a effectivement eu lieu, il faudrait faire fi de tout bon sens. Cela signifierait croire qu'un homme tel que Minnock, ayant été témoin de l'horrible étranglement à mort avec un drap tel qu'il l'a décrit, aurait *pu* l'oublier immédiatement après."

L'avocat aborda ensuite le contenu des deux déclarations sous serment faites au *World* et au médecin légiste, en demandant d'abord au témoin de décrire l'événement tel qu'il s'en souvenait. Après ses réponses, l'avocat lui rappela ce qu'il avait déclaré dans ses dépositions sous serment en mettant en évidence les incohérences. Il lui demanda alors quelle était la vérité, ce qu'il avait déclaré sous serment, ou ce qu'il déclarait actuellement ; et s'il témoignait désormais à partir de ses souvenirs véritables, ou s'il tentait de se rappeler des éléments qu'il avait inventés dans ses dépositions sous serment.

L'avocat. Comment se portait le patient français à l'heure du dîner ? Était-il aussi gai et enjoué après sa promenade que vous l'avez décrit dans votre article ?

Le témoin. Oui, monsieur.

L'avocat. Mais dans votre déposition sous serment, vous affirmez qu'il semblait très faible au dîner. Est-ce exact ?

Le témoin. En effet, il me semblait faible à ce moment-là.

L'avocat. Vous venez pourtant de confirmer qu'il se portait bien après sa promenade.

Le témoin. Oh, j'ai simplement acquiescé à vos dires.

L'avocat. Je ne souhaite pas vous induire en erreur davantage alors. Dites-nous comment le patient s'est présenté à table lors du dîner.

Le témoin. Il marchait lentement.

L'avocat. Vous souvenez-vous de ce que vous avez dit dans votre déposition sous serment ?

Le témoin. Oui, bien sûr.

L'avocat. Qu'avez-vous dit ?

Le témoin. J'ai dit qu'il semblait marcher avec une certaine faiblesse.

L'avocat. Êtes-vous seulement certain d'avoir fait référence à sa démarche dans votre déclaration sous serment ?

Le témoin. Je n'en suis pas certain.

L'avocat. L'incident du drap, que vous avez décrit de manière très détaillée, s'est produit à quelle heure, précisément, le mercredi après-midi ?

Le témoin. Vers dix-huit heures.

L'avocat. Avant cela, au cours de l'après-midi, y a-t-il eu d'autres actes de violence à l'égard du patient ?

Le témoin. Oui, il a été bousculé à plusieurs reprises par les infirmiers.

L'avocat. Vous voulez dire qu'ils le faisaient tomber ?

Le témoin. Oui, ils semblaient trouver amusant de le faire trébucher et de le laisser tomber en arrière. Ils l'aidaient ensuite à se relever. Ses genoux paraissaient tremblants, il titubait en arrière et les infirmiers éclataient de rire lorsqu'il retombait. C'était vers trois heures de l'après-midi.

L'avocat. Combien de fois, Monsieur Minnock, diriez-vous l'avoir vu tomber en arrière et être relevé par les infirmiers pour ensuite retomber ?

Le témoin. Quatre ou cinq fois cette après-midi-là.

L'avocat. Et retombait-il toujours en arrière ?

Le témoin. Oui, monsieur ; il répétait le même schéma, titubant sur environ un mètre et demi, perdant l'équilibre et tombant en arrière.

Le témoin fut amené à décrire en détail cette pratique consistant à tenir le patient, à le laisser tomber en arrière, puis à le relever. Cette requête visait à rendre plus évidentes les incohérences avec ce qu'il avait dit antérieurement et qu'il avait manifestement oublié.

L'avocat. Je vous lis désormais, d'après le procès-verbal du sténographe, ce que vous avez dit à ce sujet à votre témoignage sous serment lors des conclusions du médecin légiste. On vous a demandé : "D'autres violences ont-elles été infligées le mercredi avant l'heure du dîner ?" Vous avez répondu : "Je n'en ai pas vu." On vous a ensuite demandé s'il y avait eu des violences avant le mercredi soir, vous avez répondu : "Non, monsieur ; pas de violence depuis mardi soir. Il ne s'est rien passé jusqu'à mercredi, à l'heure du dîner, vers 18 heures." Qu'avez-vous à dire sur ces différentes déclarations, toutes deux faites sous serment, l'une auprès du médecin légiste et l'autre dans ce tribunal aujourd'hui ?

Le témoin. Eh bien, ce que j'ai dit au médecin légiste au sujet des violences a peut-être été omis par le sténographe.

L'avocat. Mais avez-vous bien fait les déclarations que je viens de vous lire auprès du médecin légiste ?

Le témoin. Je les ai peut-être faites, ou peut-être que je ne les ai pas faites. Je ne sais pas.

L'avocat. Si vous avez déclaré sous serment au médecin légiste qu'il n'y avait pas eu de violence et que rien ne s'était passé avant le dîner du mercredi, aviez-vous l'intention de dire la vérité ?

Le témoin. Je ne me souviens pas.

L'avocat. Après avoir entendu ma lecture de ce que vous avez déclaré sous serment au médecin légiste, maintenez-vous toujours les propos que vous avez déclarés sous serment lors de ce procès, à savoir que vous avez vu les infirmiers laisser le patient tomber en arrière quatre ou cinq fois, puis le relever et rire de lui ?

Le témoin. Oui, bien sûr.

L'avocat. Je vous lis à nouveau un passage du procès-verbal du médecin légiste, une question qui vous a été posée par le médecin légiste lui-même. Question du médecin légiste : "Avez-vous à un moment donné, dans le bureau ou dans la grande salle de l'asile, vu

Hilliard tomber ou trébucher ?" Réponse : "Non, monsieur, jamais."
Qu'avez-vous à répondre à cela ?

Le témoin. C'est exact.

L'avocat. Qu'en est-il alors de la déclaration que vous avez faite
au jury il y a tout juste un quart d'heure, à savoir que vous l'avez vu
trébucher et tomber en arrière à plusieurs reprises ?

Le témoin. Cette déclaration a été faite plus tard au médecin légiste.

L'avocat. Plus tard ? Permettez-moi de vous lire la question suivante
qui vous a été posée auprès du médecin légiste. Question : "L'avez-vous
vu *à un moment donné* essayer de s'enfuir en marchant ou en courant et
tomber ?" Réponse : "Non, je ne l'ai jamais vu tomber." Qu'avez-vous à
répondre à cela ?

Le témoin. Eh bien, j'ai dû mentionner les chutes dans ma
déclaration sous serment, et je les ai omises plus tard devant le médecin
légiste.

Au début du contre-interrogatoire, l'avocat avait dû batailler avec
le juge président l'affaire sur presque toutes les questions posées, qui
avaient été rejetées les unes après les autres. Mais au fur et à mesure de
l'interrogatoire, le juge commençait à changer complètement d'attitude
à l'égard du témoin. Il ne cessait de froncer les sourcils, de fixer le
témoin et il finit par prendre la parole à ce moment-là : "Permettez-moi
de vous avertir, M. Minnock, une fois pour toutes, que vous êtes ici
pour répondre aux questions de l'avocat. Si vous ne pouvez pas y
répondre, dites-le ; si vous pouvez y répondre, faites-le ; et si vous ne
vous en souvenez pas, dites-le."

Le témoin. Votre Honneur, Maître m'a contre-interrogé très
sévèrement au sujet de ma femme, ce qu'il n'a pas le droit de faire.

Le juge. Vous n'êtes pas en droit de contester cela. Il a parfaitement
le droit de vous contre-interroger.

Le témoin (perdant tout à fait son sang-froid). Cet individu n'aurait
jamais eu l'audace de me poser de telles questions en dehors de cette

salle d'audience. Il sait pertinemment que s'il n'était pas sous la protection de la cour, je lui briserais le cou.

Le juge. Vous faites piètre figure. Veuillez répondre aux questions, monsieur.

L'avocat. Vous ne semblez pas avoir le moindre souvenir de vos déclarations. Témoignez-vous de mémoire sur ce que vous avez vu, ou bien inventez-vous au fur et à mesure ?

Le témoin ne répond pas.

L'avocat. Eh bien ?

Le témoin (obstiné). Je rapporte ce que j'ai vu.

L'avocat. Écoutez ceci alors. Vous avez déclaré sous serment : "Le sang recouvrait le sol. Il était couvert du sang de Hilliard, et la femme de ménage est venue mardi et mercredi matin, et a nettoyé le sang." Est-ce exact ?

Le témoin. Oui, monsieur.

L'avocat. J'ai cru comprendre que vous ne vous étiez pas levé avant midi ce mercredi matin là. Comment avez-vous pu voir la femme de ménage nettoyer le sang ?

Le témoin. Elles étaient toutes à l'autre bout du hall. Elles ont lavé tout le pavillon. Je ne les ai pas vues mercredi matin ; c'est le mardi matin que je les ai vues nettoyer.

L'avocat. Vous semblez avoir oublié que Hilliard, la victime, n'est arrivé au pavillon que mardi après-midi à 16 heures. Qu'avez-vous à répondre à cela ?

Le témoin. Eh bien, d'autres personnes ont subi des coups.

L'avocat. Donc, c'est à cela que vous vouliez faire référence dans votre déclaration sous serment, en parlant du sang de Hilliard sur le sol. Vous faisiez référence aux coups portés à d'autres personnes ?

Le témoin. Oui, monsieur. Le mardi.

Le témoin fut ensuite contraint de fournir des témoignages sur d'autres éléments mineurs, susceptibles d'être réfutés par une douzaine de témoins partiaux. Il dut notamment revenir sur déclarations concernant l'appel présumé de l'infirmier Davis à la morgue le matin suivant le meurtre de Hilliard, pour s'enquérir des conclusions de l'autopsie. À ce sujet, il fut établi que personne n'avait contacté la morgue concernant l'autopsie de Hilliard, ce qui fut attesté par plusieurs employés de la morgue. Le témoin fit également d'autres déclarations mineures qui furent par la suite contestées par de nombreux autres témoins, y compris des médecins, des infirmiers, des magistrats, et d'autres membres du personnel de l'asile.

Au fil de son témoignage, le témoin semblait de plus en plus impuissant. Ses contradictions récurrentes, ses hésitations avant chaque réponse et son expression fluctuante, allant de la honte à l'anxiété, altérèrent sa crédibilité. Par moments, il reprenait ses réponses ou restait silencieux, incapable de répondre. Après quatre heures éprouvantes, il quitta la barre des témoins, discrédité, détruit et accablé. Bien que le tribunal ordonnât son retour le lendemain, il ne réapparut jamais au procès.

Une semaine plus tard, sa mère adoptive, appelée à témoigner par la défense, remit une lettre au juge, reçue le matin même de son fils, qui se trouvait à Philadelphie. Dans cette lettre, qu'il n'avait pas autorisé à montrer au jury, il exprimait son désir de quitter définitivement New York, se sentant ruiné et craignant d'être arrêté pour parjure s'il y retournait. Il lui demandait également de l'argent pour voyager vers l'ouest et recommencer sa vie. Selon l'auteur, ce fut là l'incident le plus tragique de toute l'affaire.

CHAPITRE XIV

LE CONTRE-INTERROGATOIRE DE JEREMIAH SMITH PAR SIR ALEXANDER COCKBURN DANS L'AFFAIRE WILLIAM PALMER

Le contre-interrogatoire magistral mené par Sir Alexander Cockburn, alors procureur général et futur président de la Cour suprême d'Angleterre, lors du célèbre procès de William Palmer, a joué un rôle décisif dans le verdict de cette affaire hautement controversée. Décrit par l'observateur expérimenté, le juge Stephens, comme "inénarrable", ce contre-interrogatoire a finalement scellé le sort de l'accusé, aboutissant à sa condamnation et à son exécution. William Palmer était accusé d'avoir empoisonné John Parsons Cook.

Âgé de trente et un ans, il avait été médecin de profession. Plusieurs années avant son procès, il avait toutefois abandonné la pratique active de la médecine pour se consacrer entièrement aux courses de chevaux. Sa victime, John Parsons Cook, était également issu d'une famille aisée. Destiné à une carrière juridique, celui-ci s'était également passionné pour les courses de chevaux, après avoir hérité d'une somme considérable, et s'adonnait fréquemment aux paris. Il développa progressivement une amitié avec Palmer. Au moment de leur rencontre, Palmer avait déjà entamé des manœuvres financières douteuses. Il avait falsifié la signature de sa mère, une femme possédant une fortune importante et apposé son nom en tant qu'endosseur sur des billets totalisant la somme de 13 000 livres sterling. Il avait également souscrit une assurance sur la vie femme du même montant, utilisant ses polices d'assurance comme garantie pour ses transactions frauduleuses. À la suite du décès sa femme, Palmer avait réussi à rembourser les premiers billets, mais il ne tarda pas à émettre de nouveaux billets d'une valeur de 12 500 livres. Il les fit ensuite escompter à un taux de soixante pour cent, utilisant comme nouvelle garantie des polices d'assurance d'un montant égal sur la vie de son frère. Un an après le décès de sa femme, son frère succomba également. Ce laps de temps entre les deux décès incita les compagnies d'assurance à refuser de verser les sommes assurées, ce qui plongea Palmer dans des procédures judiciaires pour falsification de billets et fraude.

C'est dans le dessein présumé de s'approprier l'argent et les chevaux de course de Cook que Palmer aurait mis fin à la vie de son proche ami.

Le procès s'est tenu à la Central Criminal Court de Londres le 14 mai 1856, sous la présidence de Lord Campbell, et a depuis acquis la réputation d'être l'un des procès les plus mémorables de l'histoire des tribunaux pénaux mondiaux.

Dans l'*English Illustrated Magazine*, H. D. Traill relate précisément les événements qui se sont déroulés lors du contre-interrogatoire mené par Jeremiah Smith.

" 'Il sait tenir les rênes', s'exclama l'un des criminels les plus notoires de ce siècle, témoignant ainsi de son admiration pour l'adresse dont a fait preuve l'un des plus éminents avocats de tous les temps pour faire triompher la justice dans l'un des plus grands procès de l'histoire. Sir Alexander Cockburn ressentit une fierté toute particulière envers ce compliment émanant de cet amateur éminent de sport et empoisonneur qu'il avait mené jusqu'à la potence, une satisfaction surpassant tout autre triomphe de sa brillante carrière. Indubitablement, ces paroles semblaient émaner du cœur, leur sincérité transparaissant à travers des mots familiers qui s'expriment naturellement sur les lèvres de celui qui les prononce. M. William Palmer scrutait avec une attention aiguisée chaque mouvement de l'avocat dans la conduite de ce contre-interrogatoire. Cette épreuve, dont sa vie dépendait, représentait la course la plus intense et éprouvante à laquelle il n'eût jamais pris part.

Dans ce procès, il existait un fragment de papier, d'environ 15 cm sur 15 cm — aussi anodin qu'un bout de feuille à en-tête arraché — qui arborait cette légende modeste et factuelle, plus impressionnante que la prose la plus passionnée : 'Je suppose que vous pensez que ce dernier témoin nous a fait du tort.' Cette note faisait partie de celles que Palmer griffonnait quelques fois durant le procès et qu'il remettait à son avocat pour qu'il les examine et y réponde, si cela lui semblait nécessaire. La main qui l'avait écrite ne trahissait aucun tremblement. Pourtant, cette note avait été rédigée précisément à la fin du contre-interrogatoire mémorable de Sir Alexander Cockburn. Dans la salle d'audience, les observateurs les plus avertis étaient convaincus qu'au moment où l'avocat avait regagné sa place, le destin de l'accusé était alors scellé, le nœud coulant autour de son cou semblant impossible à défaire. Il ne faisait aucun doute que le malheureux avait discerné l'appréhension sur le visage de ses avocats, et que l'apparente indifférence de l'enquête hâtive qu'ils avaient amorcée avait dû lui inspirer une angoisse muette, imprégnée de doute et de terreur.

Palmer, bien sûr, n'était pas aussi versé dans l'observation des manières du président du tribunal que les observateurs chevronnés de la scène, mais eût-il été, il aurait tiré le plus sombre présage de la courtoisie croissante de Lord Campbell à son égard après cette partie là du procès — une attitude envers un accusé qui signifiait toujours, dans l'opinion de ce vénérable juge, que son destin était scellé.

Pourtant, le contre-interrogatoire de M. Smith, aussi significatif que ses conséquences aient pu être, *pourrait aisément être cité* comme un exemple *très discutable* de l'efficacité de cette redoutable pratique pour extraire, ou supposément extraire, la vérité.

Son impact sur le témoin lui-même n'était en rien négligeable du point de vue de l'exécutant. Aucune description ne peut véritablement en rendre compte. Les efforts du témoin pour gagner du temps et son désarroi alors que les différentes réponses lui étaient graduellement extorquées peuvent être faiblement retrouvés dans le procès-verbal. Son visage était couvert de sueur et les documents qu'on lui présentait tremblaient et bruissaient. Il faut reconnaître que certains de ces documents étaient d'une nature assez troublante. M. Smith avait dû admettre avec une grande réticence qu'il avait été témoin de la cession d'une police d'assurance de 13 000 livres par Walter à William Palmer, que ce dernier était suspecté, voire connu, d'avoir assassiné. Le témoin avait également été contraint de reconnaître qu'il avait écrit à une compagnie d'assurance pour souscrire une police d'assurance de 10 000 livres sur la vie d'un palefrenier de Palmer, payé à raison d'une livre par semaine. Enfin, il avait dû se confesser avoir tenté, après la mort de Walter Palmer, de convaincre sa veuve de renoncer à sa plainte concernant les polices d'assurances. En conséquence, Lord Campbell, lors de la conclusion du procès, demanda au jury s'ils pouvaient croire un homme s'étant ainsi déshonoré à la barre des témoins. Le jury conclut qu'il ne le pouvait, et ainsi en fut-il. Le témoignage de Smith, qui s'appuyait sur le fait que Palmer n'était pas au chevet de sa victime, mais à plusieurs kilomètres de là, au moment où, selon la théorie de l'accusation, il empoisonnait la victime en substituant ses cachets par des drogues, ne fut pas cru. *Néanmoins, d'autres preuves irréfutables autorisent à affirmer avec un degré raisonnable de certitude que Jeremiah Smith disait la vérité.*

Les passages du contre-interrogatoire qui vont suivre sont extraits de l'édition complète du "Compte-rendu du procès de William Palmer" du *Times*, qui comprend les notes sténographiques prises au jour le jour et publiées à Londres en 1856.

Le procureur général. Êtes-vous bien celui qui a escorté M. Myatt jusqu'à la prison de Stafford ?

Smith. C'est bel et bien moi, monsieur.

Le procureur général. Depuis combien de temps entretenez-vous des relations avec Palmer ?

Smith. Je le connais de longue date et avec grande intimité, monsieur. J'ai été le conseiller juridique pour sa famille et lui-même.

Le procureur général. En décembre 1854, vous a-t-il sollicité au Cabinet d'avocats et d'assurances générales pour certifier une police d'assurance sur la vie de son frère, Walter Palmer, d'une somme de 13 000 livres sterling ?

Smith. Je n'ai pas le souvenir précis de cet événement ; si vous me présentez le document, je pourrai vous fournir une réponse plus claire.

Le procureur général. Pouvez-vous confirmer, sous serment, qu'il ne vous a pas sollicité ?

Smith. Je ne peux ni confirmer ni nier que j'ai été sollicité à cet effet. Si vous me montrez le document, je pourrai identifier mon écriture sans délai.

Le procureur général. En janvier 1855, Palmer vous a-t-il sollicité pour certifier une police d'assurance sur la vie de son frère d'une somme de 13 000 livres au bureau du prince de Galles ?

Smith. Je ne me souviens pas.

Le procureur général. Vous ne vous en souvenez pas ! Pourtant, une somme de 13 000 livres était considérable pour un homme tel que Walter Palmer, qui ne possédait pas un sou, n'est-ce pas ?

Smith. Oh, il était aisé, car je sais qu'il vivait sans travailler et qu'il ne gérait aucun commerce.

Le procureur général. N'étiez-vous pas au courant qu'il était ruiné ?

Smith. Je sais qu'il avait fait faillite quelques années auparavant, mais je ne savais pas qu'il était ruiné. Je sais qu'il recevait une allocation de sa mère, mais je ne sais pas s'il avait d'autres sources de revenus. Je crois que son frère, William [l'accusé], lui prêtait de l'argent.

Le procureur général. Où logiez-vous en 1854 ? À Rugeley ?

Smith. En 1854, je pense que je logeais en partie chez William Palmer et parfois chez sa mère.

Le procureur général. Avez-vous parfois passé la nuit chez sa mère ?

Smith. Oui.

Le procureur général. Lorsque c'était le cas, où dormiez-vous ?

Smith. Dans une chambre.

Le procureur général. Dormiez-vous dans la chambre de sa mère ? Pouvez-vous jurer, sous serment, que vous n'entreteniez pas de relations inappropriées avec elle — vous comprenez bien ce que je veux dire ?

Smith. Mes relations étaient appropriées, Monsieur le Procureur.

Le procureur général. Combien de fois avez-vous passé la nuit chez elle, alors que vous aviez votre propre logis à Rugeley ?

Smith. À maintes reprises, monsieur. Deux ou trois fois par semaine.

Le procureur général. Étiez-vous célibataire ou marié à l'époque ?

Smith. Célibataire.

Le procureur général. Pendant combien de temps avez-vous continué à passer deux ou trois nuits par semaine chez Mme Palmer ?

Smith. Pendant plusieurs années.

Le procureur général. Aviez-vous toujours votre propre logement à Rugeley tout ce temps-là ?

Smith. Oui, monsieur.

Le procureur général. Quelle distance séparait votre domicile de celui de Mme Palmer ?

Smith. Je dirais environ un quart de kilomètre.

Le procureur général. Veuillez expliquer pourquoi vous passiez deux ou trois nuits par semaine chez Mme Palmer, en ayant votre propre domicile à moins d'un quart de kilomètre.

Smith. Parfois, son fils Joseph ou d'autres membres de sa famille venaient lui rendre visite, et je m'y rendais pour les voir.

Le procureur général. Et lorsque vous vous y rendiez pour voir ces membres de sa famille, était-ce trop éloigné pour rentrer chez vous ensuite ?

Smith. Nous avions coutume de jouer aux cartes, de siroter un verre de gin, et peut-être de fumer une pipe ; ensuite ils me disaient : "Il est tard, tu ferais mieux de rester pour la nuit", et c'est ce que je faisais. C'était là la seule raison pour laquelle je ne rentrais pas chez moi.

Le procureur général. Cela a duré trois ou quatre ans ?

Smith. Oui, et il m'arrivait parfois de m'y rendre lorsque personne n'était là, lorsque toute la famille était absente de la maison, la mère incluse.

Le procureur général. Et vous avez passé la nuit là lorsque les fils n'étaient pas présents, mais que la mère était là ?

Smith. Oui.

Le procureur général. À quelle fréquence cela s'est-il produit ?

Smith. Parfois deux ou trois nuits par semaine, durant quelques mois, et parfois je ne m'approchais pas de la maison pendant un mois.

Le procureur général. Pourquoi vous y rendiez-vous les soirs où les fils n'étaient pas là ; il n'y avait personne avec qui fumer et boire, et vous auriez pu rentrer chez vous, n'est-ce pas ?

Smith. En effet, mais je ne le faisais pas.

Le procureur général. Pouvez-vous affirmer, sous serment, qu'il n'y avait rien d'autre qu'une relation convenable entre vous et Mme Palmer ?

Smith. Oui.

Le procureur général. Je vais maintenant aborder une autre question. Avez-vous été sollicité pour certifier une police d'assurance sur la vie de Walter Palmer d'une somme de 13,000 livres à l'Office Universel ?

Smith. Je ne saurais le dire ; si vous voulez bien me montrer le document, je pourrais vous répondre.

Le procureur général. En tant qu'homme de loi et homme d'affaires, monsieur, ne pourriez-vous pas me dire si William Palmer vous a chargé de certifier une police d'assurance sur la vie de Walter Palmer d'une somme de 13,000 livres ?

Smith. Ce que je dis, c'est que je ne me souviens pas. Si je pouvais voir le document en question, je pourrais sans doute m'en souvenir.

Le procureur général. Vous souvenez-vous d'avoir perçu une somme de 5 livres pour certifier la cession d'une telle police d'assurance par Walter Palmer à son frère ?

Smith. Je pourrais l'avoir perçu, mais je n'en suis pas certain.

Le procureur général (remettant un document au témoin). Est-ce bien votre signature ?

Smith. Cela ressemble beaucoup à ma signature.

Le procureur général. En êtes-vous certain ?

Smith (après une longue hésitation). Je n'en suis pas certain.

Le procureur général. Lisez le document et dites-moi, sous serment, s'il s'agit de votre signature.

Smith. Je ne suis pas certain qu'il s'agisse de ma signature.

Le procureur général. Lisez le document, monsieur. A-t-il été signé dans votre bureau ?

Smith. Non.

Le procureur général. Je veux une réponse catégorique de votre part, sous serment. Est-ce votre écriture ?

Smith. Je pense que ce n'est pas mon écriture. Je crois que c'est une imitation très habile.

Le procureur général. Attestez-vous sous serment que ce n'est pas votre écriture ?

Smith. Je l'atteste, monsieur le procureur. Je crois qu'il s'agit d'une imitation très réussie de mon écriture

Juge Alderson. Avez-vous jamais certifié un tel document ?

Smith. Je ne m'en souviens pas, votre honneur.

Le procureur général. Regardez l'autre signature, ici. "Walter Palmer". Est-ce bien sa signature ?

Smith. Je pense que oui, c'est la signature de Walter Palmer.

Le procureur général. Observez le document et les mots "signé, scellé et délivré" ; sont-ils écrits de la main de M. Pratt ?

Smith. En effet.

Le procureur général. Avez-vous reçu ce document de M. Pratt ?

Smith. Très probablement, mais je ne pourrais pas l'affirmer avec certitude. Il se peut qu'il ait été envoyé à William Palmer.

L'ART DU CONTRE-INTERROGATOIRE

Le procureur général. L'avez-vous reçu de la part de William Palmer ?

Smith. Je ne suis pas sûr. Il est très probable que oui

Le procureur général. William Palmer vous a-t-il remis ce document ?

Smith. Je ne doute pas qu'il l'ait fait.

Le procureur général. Si c'est le document que vous a remis William Palmer, et si les signatures de Walter Palmer et de Pratt y figurent, pour quelle raison l'autre signature ne serait-elle pas la vôtre ?

Smith. Je vais vous le dire, monsieur le procureur...

Le procureur général. Cessez donc avec vos "Monsieur le procureur" ! Répondez à ma question. Est-ce votre écriture ?

Smith. Je ne crois pas que ce soit mon écriture.

Le procureur général. Jurez-vous que ce n'est pas votre écriture ?

Smith. Je ne crois pas que ce le soit.

Le procureur général. En octobre 1855, avez-vous postulé pour devenir agent à Rugeley pour le cabinet d'assurance des comtés du Midland ?

Smith. Je crois que oui.

Le procureur général. Leur avez-vous soumis, vous-même, une police d'assurance sur la vie de Bates, d'une valeur de 10,000 livres ?

Smith. Oui.

Le procureur général. William Palmer vous a-t-il chargé de transmettre ce document ?

Smith. Bates et Palmer sont venus ensemble à mon bureau, munis d'un prospectus. Ils souhaitaient savoir s'il y avait un agent pour cette société à Rugeley. Je leur ai répondu que je n'en avais jamais entendu parler, et ils m'ont alors demandé si je pouvais leur écrire pour postuler, parce que Bates voulait lever des fonds.

Le procureur général. Avez-vous postulé auprès du Midland Office pour devenir agent à Rugeley afin de certifier cette assurance de 10 000 livres sur la vie de Bates ?

Smith. Oui.

Le procureur général. À ce moment-là, Bates était-il le palefrenier des écuries de William Palmer ?

Smith. Oui.

Le procureur général. Il percevait un salaire de 1 livre par semaine pour cela ?

Smith. Je n'ai pas connaissance de son salaire.

Le procureur général. Êtes-vous par la suite allé voir la veuve de Walter Palmer afin de lui demander de renoncer à ses droits sur la police d'assurance de son mari ?

Smith. Oui.

Le procureur général. Où était-elle à ce moment-là ?

Smith. À Liverpool.

Le procureur général. Aviez-vous reçu un document de la part de Pratt à lui remettre ?

Smith. William Palmer m'avait confié un document qui lui était adressé.

Le procureur général. La veuve a-t-elle refusé de signer ce document ?

Smith. Elle a souhaité que son avocat examine le document au préalable ; j'ai donc accepté sa demande.

Le procureur général. Naturellement. Mais n'a-t-elle pas refusé de le signer ? N'avez-vous pas rapporté le document avec vous ?

Smith. Je l'ai effectivement rapporté, car je n'avais pas l'indication de le laisser.

Le procureur général. N'a-t-elle pas dit qu'elle avait été mise au courant par son époux que la police d'assurance était d'une valeur de 10 000 livres ?

M. Serjeant Shee s'opposa à la question, arguant que les échanges entre la veuve et le témoin ne pouvaient être admis comme des preuves contre l'accusé.

Le procureur général répondit que la question visait à mettre en doute la crédibilité du témoin, et à ce titre, qu'elle était cruciale.

La cour trancha, estimant que la question ne pouvait être posée.

Le procureur général. Savez-vous que Walter Palmer n'a rien obtenu de cette cession ?

Smith. Je pense qu'il a fini par percevoir quelque chose.

Le procureur général. N'êtes-vous pas au courant que tout ce qu'il a obtenu est une facture à payer de 200 livres ?

Smith. Sa maison fut meublée.

Le procureur général. Êtes-vous au courant pour la facture de 200 livres ?

Smith. Oui.

Le procureur général. Et savez-vous que cette facture n'a jamais été réglée ?

Smith. Non, je ne savais pas.

Le procureur général. Laissez-moi désormais vous rafraîchir la mémoire concernant ces transactions. (Il tendit un document au témoin). Lisez ce document et dites-moi si c'est votre écriture.

Smith. C'est mon écriture.

Le procureur général. Alors, avez-vous été sollicité par William Palmer, en décembre 1854, pour certifier une police d'assurance sur la vie de son frère, Walter Palmer, d'une somme de 13 000 livres sterling, au cabinet d'avocat et d'assurance générale ?

Smith. Il se peut que je l'ai été.

Le procureur général. L'avez-vous été ou non ? Lisez ce document et dites-moi si vous avez le moindre doute à ce sujet.

Smith. Je préfère éviter de parler de mémoire.

Le procureur général. Sans invoquer la mémoire de manière abstraite, et en vous rafraîchissant seulement celle-ci avec la lecture de ce document, avez-vous un doute quant au fait que vous avez été sollicité ?

Smith. Je ne doute pas d'avoir pu l'être.

Le procureur général. Avez-vous le moindre doute quant au fait que, en janvier 1855, William Palmer vous a demandé de certifier une autre police d'assurance sur la vie de son frère, d'un montant de 13 000 livres, dans un autre bureau ? Lisez ce document et répondez-moi.

Smith. Je reconnais le document, mais je ne suis pas certain ; il est possible que je l'aie signé à blanc.

Le procureur général. Est-il habituel pour vous de signer des documents de cette nature à blanc ?

Smith. J'ignore si je n'ai pas signé plusieurs d'entre elles à blanc.

Le procureur général. En lisant ce document, ne savez-vous pas, en vertu de votre serment, si William Palmer vous a sollicité pour certifier cette police d'assurance sur la vie de son frère pour 13 000 livres ?

Smith. Il m'a demandé de certifier des polices d'assurance dans différents bureaux.

Le procureur général. Ces polices d'assurances étaient-elles de montants élevés ?

Smith. L'une d'entre elles était de 13 000 livres.

Le procureur général. Vous a-t-il sollicité pour certifier une autre police d'assurance de la même somme à l'Office universel ?

Smith. C'est possible.

Le procureur général. Ces requêtes ont été faites à peu près en même temps, n'est-ce pas ? Vous n'avez pas attendu de réponse à la première demande avant de faire la seconde ?

Smith. Je ne suis pas au courant des réponses qui ont pu être fournies.

Le procureur général. Attestez-vous que vous n'étiez pas présent lorsque Walter Palmer a signé l'acte de cession de la police d'assurance sur sa vie à son frère, William Palmer ? Soyez prudent, M. Smith, car vous risquez d'entendre parler de cela à nouveau.

Smith. Je n'atteste pas de ma présence, je ne crois pas que j'étais présent. Je ne suis pas tout à fait sûr.

Le témoin avait affiché une certaine réticence à répondre à la plupart des questions du procureur général, et son embarras palpable laissait une impression défavorable indéniable sur l'audience.

Le procureur général. Savez-vous que la facture de 200 livres a été établie dans le but de permettre à William Palmer de compléter une somme de 500 livres ?

Smith. Je ne crois pas, car Cook a reçu 200 livres sterling de ma part. Si je me souviens bien, il les a emportées avec lui aux courses de Shrewsbury, et non aux dernières courses.

Le procureur général. En faveur de qui la facture a-t-elle été établie ?

Smith. Je pense que c'était en faveur de William Palmer. Je ne sais pas ce qu'elle est devenue. Je ne l'ai jamais revue depuis. Je ne peux pas dire avec certitude qui m'a vu ce lundi, mais je me suis rendu au Talbot Arms et je suis entré dans la chambre de Cook. L'un des serviteurs m'a donné une bougie. Pour autant que je m'en souvienne, le domestique qui l'a fait était soit Bond, soit Mills, soit Lavinia Barnes, je ne saurais dire qui.

CHAPITRE XV

LE CONTRE-INTERROGATOIRE DE RUSSELL SAGE PAR ME. JOSEPH H. CHOATE DANS L'AFFAIRE LAIDLAW-SAGE

Parmi les contre-interrogatoires les plus récents ayant été portés devant la Cour suprême et la Cour d'appel de New York, figure celui de Russell Sage par Me. Joseph H. Choate, dans le cadre du procès célèbre intenté à ce dernier par William R. Laidlaw. Sage était représenté par feu Edwin C. James, tandis que Me. Choate comparaissait pour le plaignant, M. Laidlaw.

Le 4 décembre 1891, un individu du nom de Norcross se présenta au bureau new-yorkais de Russell Sage, déclarant qu'il souhaitait le rencontrer pour une affaire urgente et qu'il était muni d'une lettre de recommandation de M. John Rockefeller. Mr. Sage vint à lui et la lettre lui fut présentée, le contenu se révélant des plus troublants : "Le sac que je tiens à la main contient dix livres de dynamite. Si je le laissais tomber au sol, cela provoquerait l'explosion de ce bâtiment en ruines et entraînerait la mort de toutes les personnes qui s'y trouvent. Je réclame douze cent mille dollars, sinon je laisse tomber ce sac. Allez-vous me payer ? Oui ou non ?"

Après avoir lu attentivement la lettre, M. Sage la rendit à Norcross et lui indiqua qu'il serait disponible dans quelques minutes après avoir conclu une affaire dans son bureau privé.

Norcross répliqua : "Refusez-vous ma proposition ? Allez-vous me payer ? Oui ou non ?" Sage expliqua de nouveau qu'il devait d'abord brièvement régler une affaire en privé. C'est à ce moment-là que Monsieur Laidlaw fit irruption dans le bureau, et, sans avoir entendu la conversation, il prit place pour attendre Sage dans l'antichambre. Alors qu'il patientait, Sage se rapprocha de lui sans un mot et se saisit de sa main gauche comme pour le saluer. De la prise de ses mains sur la sienne, il plaça discrètement Laidlaw entre lui et Norcross. Ce faisant, il demanda à Norcross : "Si vous ne pouvez me faire confiance, comment espérez-vous que je vous fasse confiance ?"

C'est là qu'une violente explosion retentit. Norcross fut instantanément anéanti par la force de l'explosion. Monsieur Laidlaw, quant à lui, se retrouva projeté au sol sous le poids de Russell Sage, gravement blessé. Plus tard, il intenta une action en justice contre ce dernier, affirmant que Sage l'avait intentionnellement utilisé comme bouclier humain pour se protéger de l'explosion imminente. Sage contesta avoir délibérément manipulé la position de Laidlaw ou avoir agi de manière à le mettre en danger.

L'affaire fit l'objet de quatre procès. Elle fut initialement rejetée par le juge Andrews puis sa décision fut portée en appel. Lors du second procès, présidé par le juge Patterson, le jury trancha en faveur de M. Laidlaw, lui accordant la somme de 25 000 dollars. De nouveau, cette décision fut contestée en appel. Lors d'un troisième procès, également devant le juge Patterson, le jury se trouva en désaccord. Enfin, lors du quatrième procès, devant le juge Ingraham, un verdict de 40 000 dollars fut rendu en faveur de M. Laidlaw, une décision qui fut appuyée par la Cour suprême, mais fut finalement contestée par la Cour d'appel.

En effet, celle-ci critiqua vivement la méthode utilisée lors du contre-interrogatoire de M. Sage par Me Choate. La cour d'appel de New York qualifia ce contre-interrogatoire d'abusif, alors même qu'il était mené par un avocat éminent emporté par son zèle, ce qui illustre parfaitement ce que nous avons évoqué dans un chapitre précédent. Cela démontre également jusqu'où M. Choate fut autorisé à aller sous prétexte de mettre à l'épreuve la mémoire du témoin.

L'avocat de M. Sage plaida en appel que "le droit au contre-interrogatoire avait été abusé dans cette affaire, au point d'exiger l'annulation de la décision monstrueuse, qui n'avait été que le résultat manifeste de cet abus." La cour d'appel adhéra à son opinion à l'unanimité.

Les passages du contre-interrogatoire qui furent particulièrement contestés incluaient la discussion rejetée entre les jurés et M. Sage, le manque de sympathie de l'accusé envers le plaignant, l'article publié dans le *New York World*, l'omission de l'accusé de prévenir de l'imminence de l'explosion, ainsi que sa fortune et l'étendue et la nature de ses activités.

Me. Choate. J'espère que vous jouissez d'une bonne santé ce matin, M. Sage.

M. Sage. Certainement, monsieur.

Me. Choate. Vous souvenez-vous avoir prêté serment lors de votre déposition dans cette affaire ?

M. Sage. Je vous demande pardon, monsieur, je n'ai pas bien entendu.

Me. Choate. Quelle est votre oreille la plus fine ?

M. Sage. Celle-ci.

Me. Choate. Vous souvenez-vous avoir prêté serment lors de votre déposition dans cette affaire ?

M. Sage. Oui, monsieur.

Me. Choate. Qui a rédigé votre déposition ?

M. Sage Mon avocat.

Me. Choate. Avez-vous donc une confiance absolue en lui ?

M. Sage. Absolument, monsieur.

Me. Choate. A-t-il rédigé cette déposition après que vous lui avez fourni un récit détaillé des événements ?

M. Sage. Oui, aussi détaillé que je l'ai jugé nécessaire.

Me. Choate. Aviez-vous l'intention de dissimuler quelque chose ?

M. Sage. Non, monsieur.

Me. Choate. Avez-vous relu la plainte avec votre avocat avant de prêter serment lors de votre déposition ?

M. Sage. Je présume que oui.

Me. Choate. Imaginez-vous à la Bourse de New York et veuillez parler suffisamment fort pour que ces messieurs puissent vous entendre.

M. Sage. Je ferai de mon mieux.

Me. Choate. Avez-vous lu votre déposition avant de prêter serment ?

M. Sage. Oui, monsieur.

Me. Choate. Votre déposition était-elle donc sincère ?

M. Sage. Je le crois, oui.

Me. Choate. Je vous invite à vous pencher sur les propos soulevés dans votre déposition. (Me Choate lut ici un passage de la déposition de M. Sage dans laquelle celui-ci attestait avoir conversé avec M. Norcross tandis que M. Laidlaw était dans le bureau. Son témoignage de la veille était toutefois différent). Est-ce bien la vérité ?

M. Sage. Je ne suis pas sûr. Je n'ai pas bien saisi.

Me. Choate. Je ne vous demande pas de saisir, mais de répondre. Vous affirmez dans votre déposition que le plaignant Laidlaw se trouvait dans votre bureau pendant que vous conversiez avec l'étranger ? Est-ce exact ?

M. Sage. C'est exact, mais je souhaite réitérer mes propos d'hier.

Me. Choate. Veuillez répondre à ma question. Est-ce exact ?

M. Sage. Oui.

Me. Choate. Posez votre poing sur la table et répondez à la question.

M. Sage. J'y ai répondu.

Me. Choate. Je pense que nous avancerons plus facilement si vous répondez à mes questions au lieu de faire des discours. Est-il exact que cet étranger vous avait déjà remis une lettre exigeant de l'argent avant que M. Laidlaw ne soit dans le bureau ?

M. Sage. Absolument pas.

Me. Choate. N'est-ce pas pourtant ce que vous avez indiqué dans votre déposition ?

M. Sage. C'est ce que votre lecture suggère, mais ce n'est pas ainsi que je l'ai exprimée.

Me. Choate. N'avez-vous pas pourtant prêté serment de dire la vérité dans votre déposition ?

M. Sage Monsieur, la vérité n'est pas celle que vous interprétez.

Me. Choate. Comment avez-vous pu jurer sous serment que c'était la vérité si ça ne l'était pas ?

M. Sage. Je suppose que cela a été formulé ainsi par mon avocat lorsqu'il a rédigé la déposition, tout comme vous rédigez vos propres documents.

Me. Choate. Je ne rédige jamais de documents de la sorte. De quoi parlez-vous ?

M. Sage. Vous avez la réputation de rédiger de tels documents.

Me. Choate. Voulez-vous dire que vos avocats ont déformé vos propos dans votre déposition ?

M. Sage. Je suppose qu'ils ont rédigé les documents selon leurs pratiques habituelles.

Me. Choate. Leurs pratiques habituelles ? Y a-t-il une pratique particulière pour ce type d'affaires ?

M. Sage. Oui, monsieur.

Me. Choate. Avez-vous déjà eu connaissance d'une telle affaire ?

M. Sage. Non, monsieur.

M. Choate poursuivit son contre-interrogatoire avec une variété de tactiques, posant au moins une centaine de questions supplémentaires. Ne parvenant pas à obtenir de réponse satisfaisante, il conclut finalement : "Nous allons mettre de côté ce sujet et passer à autre chose."

Me. Choate. Depuis que M. Laidlaw a entamé des poursuites contre vous, votre attitude envers lui a été très hostile, n'est-ce pas ?

M. Sage. Non, monsieur, pas d'hostilité.

Me. Choate. N'avez-vous pas proféré toutes sortes d'insultes à son égard ?

M. Sage. J'ai simplement affirmé qu'il mentait.

Me. Choate. L'avez-vous traité de menteur ? Quand cela s'est-il produit ?

M. Sage. J'ai pu suggérer qu'un homme persistant à faire de telles fausses déclarations et à demander de l'argent... je ne sais pas comment vous qualifieriez cela. Appelez cela comme vous le voulez.

Me. Choate. N'avez-vous pas dit que Laidlaw finirait sur la paille avant que cette affaire ne se termine ?

M. Sage. Je n'ai aucun souvenir d'avoir dit cela.

Me. Choate. Jurez-vous sous serment ne pas l'avoir dit ?

M. Sage. Je ne peux le jurer. Je pourrais l'avoir dit.

Me. Choate. Pardon ?

M. Sage. Je refuse de témoigner sur ce que j'ai pu dire.

Me. Choate. Je vous demande si vous êtes prêt à jurer sous serment que vous avez dit que vous verriez Laidlaw sur la paille avant que cette affaire ne soit réglée.

M. Sage. Je ne sais pas.

Me. Choate. N'êtes-vous pas au courant qu'après que le dernier juré ait été excusé, il a déclaré devant la cour et les autres jurés que suite au verdict du précédent jury dans cette affaire contre vous, Mme Sage l'a abordé chez Tiffany et a affirmé que le verdict était un scandale et que vous ne paieriez pas un centime ?

Cette question fut vivement contestée par Me James, mais la cour l'autorisa.

M. Sage. Je tiens à déclarer, si vous le permettez...

Me. Choate. Répondez d'abord à cette question.

M. Sage. Je ne suis pas au courant de cela. Je sais que Mme Sage a nié avoir jamais fait une telle déclaration.

Me. Choate. Pensez-vous que le juré ait menti ?

M. Sage. Mme Sage ne se souvient pas d'avoir fait une telle déclaration.

Me. Choate. N'avez-vous pas déclaré que c'était une injustice ?

M. Sage. Je n'ai aucun souvenir précis à ce sujet, mais j'estime que c'est une manifestation extrême d'injustice, ourdie par un avocat de renom.

Me. Choate. N'avez-vous pas affirmé que vous dépenseriez 100 000 dollars pour vous défendre plutôt que de céder le moindre sou à Laidlaw ?

M. Sage. J'ai une grande confiance dans les tribunaux de cet État et des États-Unis, et je lutte pour mes principes, non pour moi-même. Je souhaite que cette affaire soit tranchée par les plus hautes instances judiciaires.

Me. Choate. Quel que soit le jugement du jury ?

M. Sage. Je respecte profondément leurs décisions et je crois en leur justice. Cependant, je m'interroge sur ma responsabilité. Suis-je blâmable si un vagabond pénètre dans mon bureau et qu'un accident survient ?

Me. Choate. Vous vous égarez. Revenons au sujet. Saviez-vous que Laidlaw a été gravement blessé lors de cet incident ?

M. Sage. Oui, j'en étais informé.

Me. Choate. N'êtes-vous pas au courant qu'il est resté par la suite hospitalisé, dans un état précaire ?

M. Sage. J'ai entendu dire qu'il l'était. Oui.

Me. Choate. Avez-vous envisagé de lui apporter votre soutien ?

M. Sage. Oui, monsieur. J'ai mandaté mon beau-frère pour s'enquérir de son état à deux reprises.

Me. Choate. Lui avez-vous rendu visite vous-même ?

M. Sage. Non.

Me. Choate. Avez-vous pris des mesures pour soulager ses souffrances ?

M. Sage. Je n'ai pas été sollicité en ce sens.

Me. Choate. Je ne vous demande pas si vous avez été sollicité. Je vous demande si vous l'avez fait ?

M. Sage. Non.

Me. Choate. Vous vous êtes abstenu de lui rendre visite, craignant qu'il ne vous fasse des réclamations, n'est-ce pas ?

M. Sage. Non, monsieur.

Me. Choate. Vous souciez-vous de son rétablissement ?

M. Sage. Cette question est tout à fait déplacée.

Me. Choate. À cette époque, aviez-vous eu un petit-neveu, Chapin ?

M. Sage. Oui.

Me. Choate. Était-il alors rédacteur en chef adjoint du *World* ?

M. Sage. Oui.

Me. Choate. Est-il venu vous rendre visite peu après l'explosion pour discuter avec vous ?

M. Sage. Oui.

Me. Choate. Avez-vous ensuite pris connaissance d'un article publié dans le *New York World*, intitulé "Un entretien avec Russell Sage", qui était une interview de vous ?

M. Sage. Oui.

Me. Choate. En lisant cet article : "Il semble aussi robuste qu'à tout autre moment avant l'incident. Son visage ne porte presque aucune trace des éclats de verre de l'explosion. Il s'était soigneusement rasé ; en réalité, M. Sage s'était levé tôt ce matin et avait pris soin de son apparence." Cela correspond-il à vos souvenirs lorsque vous l'avez lu ?

M. Sage. Non, monsieur, cela était loin de la vérité. J'ai déclaré que ces propos étaient une grossière exagération.

Me. Choate. L'article se poursuit ainsi : "La seule chose qui nous a impressionnés, c'est qu'il y avait là le visage d'un vieil homme, encore plein d'énergie et de robustesse, tenace dans sa vie et promu de nombreuses années à venir." Cela correspondait-il à vos souvenirs de cette période ?

M. Sage. Non, monsieur, c'était là une exagération. Mon visage portait de graves cicatrices.

Me. Choate. Lorsque vous lisez dans cet article : "Ce fut encore plus surprenant lorsque M. Sage se leva, déployant toute sa stature, et révéla toute sa puissance de personnalité habituelle. Il était comme un guerrier revenant du cœur du combat, couvert de la poussière de la bataille, mais indemne de toute blessure physique." Est-ce que cela concorde avec vos souvenirs actuels ?

M. Sage. Non, monsieur, ce n'est point exact. Ces propos me semblent aussi exagérés que la plus flamboyante des oraisons du 4 juillet ou que la Déclaration d'indépendance elle-même.

Me. Choate poursuivit sa lecture malgré les objections répétées de la défense et bien que M. Sage avait précisé qu'il n'avait pas lu la moitié de l'article et qu'il le considérait comme une déclaration entièrement exagérée, tout comme la plupart des interviews dans les journaux. Me. Choate procéda ensuite à un examen minutieux des déclarations du témoin lors des procès précédents, les comparant avec celles faites lors du présent procès.

Me. Choate. Ainsi, tout ce que vous avez fait après avoir pris connaissance de la menace contenue dans la lettre qui vous fut remise par cet étranger, c'était pour gagner du temps, n'est-ce pas ?

M. Sage. Oui, monsieur.

Me. Choate. Vous étiez conscient, n'est-ce pas, que Messieurs Laidlaw et Norcross étaient présents dans la pièce ? Pourquoi ne les avez-vous pas invités à rejoindre votre bureau privé ?

M. Sage. Permettez-moi de vous dire franchement que cela aurait signifié mettre la vie de six ou sept hommes en péril. Trois autres personnes étaient présentes dans cette même pièce, à seulement quelques cloisons de distance. Cela aurait énervé l'étranger et l'aurait incité à agir de manière imprudente. Il aurait laissé tomber le sac.

Me. Choate. Aviez-vous songé au danger auquel étaient exposés Messieurs Laidlaw et Norcross?

M. Sage. Un danger auquel étaient également exposés mes autres employés. Nous étions tous dans la même situation.

Me. Choate. Et vous n'avez pas invité ces messieurs à se retirer dans la pièce adjacente, car vous pensiez que cela ne les aurait pas mis à l'abri du danger, n'est-ce pas ?

M. Sage. J'ai envisagé que cela contrarierait Monsieur Norcross et pourrait être interprété comme une tentative de contrecarrer ses intentions.

Me. Choate. Et il aurait alors laissé tomber le sac ?

M. Sage. Oui, monsieur.

Me. Choate. Vous tuant ainsi que les autres présents ?

M. Sage. Nous tuant tous.

Me. Choate. Quel métier exercez-vous ?

M. Sage. Je suis banquier et courtier.

Me. Choate. Dans quelle mesure exercez-vous le métier de banquier ?

M. Sage. Je m'emploie à l'acquisition d'actions et de créances, ainsi qu'à l'octroi de prêts.

Me. Choate. Vous êtes donc prêteur, c'est bien cela ?

M. Sage. Je peux accorder des prêts lorsque les circonstances le permettent.

Me. Choate. À des taux d'intérêt variés ?

M. Sage. Parfois, oui

Me. Choate. Des taux allant de six à soixante pour cent ?

M. Sage. Oh, non.

Me. Choate. Quelle est votre autre activité ?

M. Sage. Je suis également impliqué dans l'exploitation de chemins de fer.

Me. Choate. Combien de chemins de fer gérez-vous ?

Ces questions furent vivement contestées, à la suite de quoi M. Choate s'adressa au tribunal : "Je suis convaincu que cet homme est si absorbé par ses multiples engagements, si pris par ses affaires, qu'il ne peut en aucun cas être considéré comme un témoin compétent pour témoigner de quelque événement que ce soit."

M. Sage. Je suis actuellement impliqué dans la gestion de deux chemins de fer.

Me. Choate. S'agit-il de grandes compagnies ferroviaires ?

M. Sage. Eh bien, l'une d'entre elles est une grande compagnie ferroviaire.

Me. Choate. Vous participez à la direction de plusieurs banques, n'est-ce pas ?

M. Sage. Je n'occupe pas de poste de direction dans les banques, je suis uniquement administrateur.

Me. Choate. Êtes-vous administrateur de deux banques ?

M. Sage. Oui, monsieur.

Me. Choate. Et de sociétés fiduciaires ?

M. Sage. Oui, monsieur.

Me. Choate. Pour la Manhattan Elevated RailRoad ?

M. Sage. Oui, monsieur.

Me. Choate. Et la Western Union ?

M. Sage. Oui, monsieur.

Me. Choate. Le Missouri Pacific ?

M. Sage. Oui, monsieur.

Me. Choate. L'Union Pacific ?

M. Sage. Oui, monsieur.

Me. Choate. Utilisiez-vous vous-même le téléscripteur qui se trouvait dans le bureau ?

M. Sage. Oui, monsieur.

Me. Choate. Vous vous occupez également de vos biens personnels, n'est-ce pas ?

M. Sage. Oui, monsieur.

Me. Choate. Est-ce que cela vous prend beaucoup de temps ?

M. Sage. Cela requiert du temps, en effet.

Me. Choate. Pourriez-vous préciser combien de temps exactement cela vous prend ?

M. Sage. Je dispose de mes assistants et de mes employés pour m'assister, comme vous disposez de vos collaborateurs dans vos bureaux.

Me. Choate. Vous octroyez des prêts, vous gérez des chemins de fer, des banques, des sociétés fiduciaires, et d'autres activités que vous avez mentionnées. Gérez-vous aussi des actions ?

M. Sage. Oh oui, j'achète et revends parfois des titres.

Me. Choate. Ne participez-vous pas également à des opérations d'achat et de vente simultanées ?

M. Sage. J'ai participé à de telles opérations dans le passé.

Me. Choate. Ces activités vous accaparent-elles tout votre temps ?

M. Sage. Non, monsieur ; je dispose de temps libre. Toutes mes journées ne sont pas consacrées à mes activités.

Me. Choate. Cela conclut mon contre-interrogatoire.

Notes de bas de page :

[1] Dans l'arrondissement de Manhattan, près d'un tiers (soit trente-trois pour cent) des décisions judiciaires rendues sont contestées en appel. De plus, parmi les affaires portées en appel, près de la moitié (quarante-deux pour cent) voient leur jugement initial annulé, entraînant un renvoi pour un nouveau procès, comme en attestent les statistiques des tribunaux.

[2] "Life Sketches of Eminent Lawyers," G. J. Clark, Esq.

[3] "Memories of Rufus Choate," Neilson.

[4] "Memories of Rufus Choate," Neilson.

[5] "Life of Lord Russell," O'Brien.

[6] "Reminiscences of Rufus Choate," Parker.

[7] Cet événement s'est déroulé à l'époque où l'actrice Anna Held interprétait sa chanson de scène populaire, "Won't you come and play with me."

[8] "Curiosities of Law and Lawyers."

[9] "Hints on Advocacy," Harris.

[10] Le père et la fille écrivaient de manière très similaire, et leur écriture ressemblait étrangement à celle de M. Ellison. C'est cette circonstance qui motiva l'usage des trois lettres lors du contre-interrogatoire.

[11] Le chapitre XI (ci-après) détaille le contre-interrogatoire du témoin Pigott par Sir Charles Russell, offrant un exemple frappant de l'utilisation la plus efficace qui puisse être faite d'une lettre incriminante.

[12] "Curiosities of Law and Lawyers."

[13] "Extraordinary Cases," H. L. Clinton.

[14] "Irish Law Times," 1874.

[15] Sir James Stephen's Evidence Act.

[16] "Life of Lord Russell," Barry O'Brien.

[17] "Reminiscences of Rufus Choate," Parker.

[18] "Life Sketches of Eminent Lawyers," Gilbert J. Clark.

[19] "Curiosities of Law and Lawyers."

[20] "Life Sketches of Eminent Lawyers," Clark.

[21] "Reminiscences of Rufus Choate," Parker.

[22] Extraits des comptes rendus quotidiens de la presse sur les échanges lors des trente jours du procès, tels que rapportés dans le "Modern Jury Trials", Donovan.

[23] "Extraordinary Cases," Henry Lauran Clinton.

[24] "Life Sketches of Eminent Lawyers," Gilbert J. Clark.

[25] L'accusation avait examiné les rapports de six mille cas d'empoisonnement à la morphine avant le procès, parmi lesquels figurait le cas rapporté par le professeur Taylor.

BIOGRAPHIE

Francis Lewis Wellman, avocat et juriste éminent, s'est principalement distingué par ses contributions majeures dans le domaine du droit pénal ainsi que par son ouvrage de référence incontournable, "L'Art du Contre-Interrogatoire". Né le 3 mai 1854 à New York, Wellman grandit au sein d'une famille où le droit faisait partie intégrante du quotidien. Son père, Francis Cooper Wellman, était un avocat respecté, et cette influence familiale a indéniablement façonné la trajectoire professionnelle de Wellman.

Après avoir obtenu son diplôme en arts de l'université Columbia en 1874, Wellman poursuivit ses études à la Columbia Law School, où il fut diplômé en droit en 1877. Doté d'une formation juridique solide, il entama alors une carrière florissante qui s'étendra sur plusieurs décennies.

Dès ses débuts, Wellman se démarqua par son intelligence juridique vive et ses compétences impressionnantes en salle d'audience. Orienté vers la défense pénale, il acquit une renommée particulière pour son talent en contre-interrogatoire, une compétence qu'il perfectionna et documenta plus tard de manière approfondie dans son ouvrage emblématique. Son engagement envers la justice et sa capacité à articuler des arguments juridiques complexes lui conférèrent la réputation d'être un avocat redoutable.

En plus de sa pratique juridique prospère, Wellman s'illustra en tant que théoricien du droit, se plongeant dans les subtilités du contre-interrogatoire. Son livre révolutionnaire, "L'Art du Contre-Interrogatoire", paru en 1903, demeure un pilier fondamental de l'étude de la plaidoirie et a marqué des générations d'avocats, novices comme chevronnés. Son style d'écriture, alliant clarté et pragmatisme, rend l'ouvrage accessible à tous, juristes et profanes confondus.

Tout au long de sa carrière, Wellman continua d'enrichir la littérature juridique par ses contributions significatives, publiant des articles dans des revues spécialisées et explorant divers aspects du droit pénal. Son expertise s'étendit bien au-delà des salles d'audience, se manifestant également dans le commentaire et l'analyse juridiques, consolidant ainsi son statut de leader d'opinion au sein de la communauté juridique.

L'impact de Francis L. Wellman ne se limita pas à ses écrits. Il

L'ART DU CONTRE-INTERROGATOIRE

s'impliqua activement dans des organisations juridiques et occupa divers postes de direction. Son engagement en faveur de l'amélioration de la pratique juridique et de la formation des futurs avocats laissa une empreinte indélébile sur la profession juridique.

Bien que Francis L. Wellman nous ait quittés le 11 septembre 1942, son héritage perdure à travers ses œuvres et son influence sur la nouvelle génération d'avocats. Son dévouement à l'art du contre-interrogatoire et ses contributions éminentes au droit pénal continuent de façonner la manière dont les praticiens du droit abordent leur métier. Ainsi, Francis L. Wellman demeure une figure incontournable du monde juridique, célébrée pour ses réalisations et son impact durable.